ro
ro
ro

Zu diesem Buch

Achtzehn Jahre lang prägte der unscheinbare Erich Honecker als Generalsekretär der SED das Gesicht der DDR. Was war das eigentlich für ein Mann, der von den Nationalsozialisten verfolgt wurde und den realen Sozialismus mit Todesschüssen an der Mauer verteidigen ließ? Der nach dem Krieg neben Walter Ulbricht schnell in die politische Führungsriege der zukünftigen DDR aufstieg und später nicht davor zurückschreckte, seinen Ziehvater zu stürzen? Der mit Leonid Breschnew gemeinsam auf die Jagd ging und sich gleichzeitig bei den sowjetischen Führern unbeliebt machte, weil er den Dialog mit der Bundesrepublik suchte?

In dieser ersten groß angelegten Biographie wird sichtbar, warum Honecker diese einmalige politische Karriere gelang, obwohl er weder über eine besondere persönliche Ausstrahlung noch politische Talente zu verfügen schien.

Der Autor

Jan N. Lorenzen, 1969 in Hamburg geboren, ist Historiker und arbeitet als freier Journalist für den MDR, ORB und ARTE. Er ist Autor zahlreicher TV-Dokumentationen, u. a. von der Produktion «Die Sekretäre – Walter Ulbricht und Erich Honecker», die besonders große Beachtung fand. Der Autor lebt mit seiner Familie in Leipzig.

Jan N. Lorenzen

Erich Honecker

Eine Biographie

Rowohlt Taschenbuch Verlag

Originalausgabe
Veröffentlicht im Rowohlt Taschenbuch Verlag GmbH,
Reinbek bei Hamburg, Oktober 2001
Copyright © 2001 by
Rowohlt Taschenbuch Verlag GmbH,
Reinbek bei Hamburg
Redaktion Ulf Schönert
Umschlaggestaltung: Nils Werner
(Foto: Archiv für Kunst und Geschichte, Berlin)
Satz Candida (PostScript) auf QuarkXPress 4.11
Gesamtherstellung Clausen & Bosse, Leck
Printed in Germany
ISBN 3 499 61181 3

Die Schreibweise entspricht den Regeln
der neuen Rechtschreibung.

Inhalt

Einleitung

Als Erich Honecker am 13. Januar 1993 seine letzte große Reise antrat, war er ein todkranker Mann. Dennoch war der Flug nach Chile ein Medienereignis ersten Ranges. Ein Reporter sprach den ehemaligen Staatsratsvorsitzenden der DDR im Flugzeug an: «Herr Honecker, darf ich fragen, wie Sie sich fühlen?» Honecker richtete sich in seinem Sitz auf und wollte gerade antworten, da fiel ihm sein Begleiter ins Wort: «Wir bleiben dabei, O-Ton während des Fluges nicht, stumme Bilder ja, mit mir nach Vereinbarung. Habe ich allen Journalisten gesagt, falls Sie vorher nicht in der Maschine waren, Ihnen zur Kenntnis.» Dem Reporter blieb nur, sich zu entschuldigen. Und die Antwort, die Honecker wohl schon selbst auf den Lippen hatte – von seinem Begleiter wurde sie ihm abgenommen: «Es geht ihm gut, den Umständen entsprechend. Und wenn wir ordentlich viel Ruhe haben, wird es ihm besser gehen.»[1]

Nichts hätte deutlicher den Abstieg dieses einst mächtigsten Mannes der DDR zeigen können. Der Mann, dessen Wort in der DDR jahrelang unwidersprochen blieb – nun konnte er nicht einmal mehr für sich selbst sprechen.

Wenige Wochen zuvor war bei der Gerichtsverhandlung bereits eine seltsame Veränderung in Honeckers Auftreten vor sich gegangen. Am 3. Dezember 1992 hatte er seine letzte Rede im Gerichtssaal von Berlin-Moabit gehalten, die Antwort auf die Verlesung der Anklageschrift. Es war eine gute Rede, wohl die beste seines Lebens, uneinsichtig natürlich, aber kämpferisch. Dann schwieg Erich Honecker. Auf Fragen war

[1] Zit. n. Fernsehdokumentation «Die Sekretäre» von Christian Klemke und Jan N. Lorenzen, Mitteldeutscher Rundfunk, 7. Oktober 1999.

7

er nicht mehr bereit zu antworten. Die kämpferische Gestik beim Betreten des Gerichts, das Siegeszeichen oder die geballte Faust, verschwand. Es schien, als habe er das alles hinter sich – eine Art Selbstaufgabe vielleicht, aufgehalten nur von dem Wunsch, seiner Frau nach Chile zu folgen.

In den kommenden Wochen verschlechterte sich Honeckers körperlicher Zustand rapide. Am 12. Januar 1993 wurde das Verfahren gegen ihn aus gesundheitlichen Gründen eingestellt. Am folgenden Tag wurde Honecker aus der Haft entlassen und sofort zum Flughafen gebracht. Um 20.25 Uhr ging sein Flug von Berlin-Tegel. Am Tag darauf empfing ihn seine Frau in Santiago. Gut ein Jahr später, am 29. Mai 1994, starb er im chilenischen Exil.

Die Nachrufe auf ihn waren entweder großmütig oder hämisch, manchmal beides zugleich. Die Beurteilung seiner Person war bestimmt von dem kläglichen Eindruck, den er nach der Wende als todkranker Mann gemacht hatte. Viele hatten von ihm eine große Geste erwartet. Die einen forderten ein Schuldeingeständnis für die Opfer der Mauer und die übrigen Menschenrechtsverletzungen, die es unter seiner Regentschaft gegeben hatte. Andere erwarteten von ihm ein Fanal des Protestes gegen den Ausverkauf der DDR. Doch zu beidem war er nicht fähig.

Es war nicht allein das erbarmungswürdige Bild, das Honecker in seinen letzten Jahren als krebskranker Greis abgab, welches das Klischee von Honecker als eines emotional verarmten, intellektuell zurückgebliebenen Kümmerlings hinterlassen hat. Schon während seiner Regierungszeit führten seine Unbeholfenheit und oft unfreiwillige Komik bei öffent-

lichen Auftritten, seine hölzerne Art und sein ver- **Das offizielle**
krampfter Humor dazu, dass Honecker für viele zu **Foto**
einem Sinnbild des kommunistischen Funktionärs geworden ist – ein zu hoch gestiegener Apparatschik,
ideenlos, irgendwie peinlich, und vor allem eins:
mittelmäßig. Das Talent zur Selbstdarstellung fehlte
ihm fast völlig. Mit keiner Geste, mit keiner großen
Rede – auch nicht mit seiner letzten – ist er wirklich in
Erinnerung geblieben.

Beurteilt man Honecker jedoch ausschließlich nach
diesem äußeren Erscheinungsbild, läuft man Gefahr,
ihn zu unterschätzen. Denn Honecker war alles an-

dere als lächerlich, er war der Alleinherrscher über die DDR. 18 Jahre lang hat er den zweiten deutschen Staat regiert und ihm seinen Stempel aufgedrückt. Niemand hat die DDR in ihren letzten beiden Jahrzehnten so geprägt wie er. Dabei hat er immer autokratischer regiert und sogar das Politbüro faktisch entmachtet. Jahrzehntelang wagte fast niemand in der Regierung der DDR und im Politbüro der SED, ihm zu widersprechen. Wie es ihm gelungen ist, so mächtig zu werden, hat schon Weggefährten und politischen Gegnern Rätsel aufgegeben. «Mir ist nie klar geworden, wie dieser mittelmäßige Mann sich an der Spitze des Politbüros so lange hat halten können», schrieb zum Beispiel Altbundeskanzler Helmut Schmidt.[2]

Es ist dieses im Wesen Honeckers verborgene Paradoxon, das seine Biographie so spannend macht.

Und was war das für ein Leben: Zehn Jahre saß Honecker im nationalsozialistischen Deutschland im Zuchthaus. Von sowjetischen Truppen befreit, wurde er kurz nach dem Ende des Krieges einer der wichtigsten Gefolgsleute von Walter Ulbricht, dem er in den parteiinternen Krisen der SED 1953 und 1956/57 bedingungslos zur Seite stand. Zum Dank baute Ulbricht ihn inoffiziell zu seinem Nachfolger auf – und vertraute ihm 1961 die Organisation des Mauerbaus an. Umso bitterer muss es für Ulbricht gewesen sein, dass es gerade Honecker war, der ihn im Mai 1971 stürzte. In den Jahren darauf erschien es zunächst, als könnte Honecker die DDR aus der Stagnation führen. Doch auf die Phase der Hoffnung folgte der langsame, aber unaufhaltsame Niedergang. Nach seiner Absetzung im Herbst 1989 erlebte Honecker eine wahre Odyssee. Er wurde verhaftet und wieder freigelassen, er floh nach

[2] Helmut Schmidt: Weggefährten, Berlin 1996, S. 505.

Lobetal, Beelitz und Moskau, wurde wieder zurück-
geschickt und eingesperrt, bis er endlich nach Chile
ausreisen durfte. Es war ein Leben, das dramatischer
kaum hätte sein können. Danach hatte es zunächst gar
nicht ausgesehen.

Kindheit und Jugend

Bei kaum einem Menschen ist die Biographie von Geburt an so geradlinig und beinahe zielgerichtet verlaufen wie bei Erich Honecker. Von frühester Kindheit an wurde er vom kommunistischen Gedankengut beeinflusst. Sein gesamtes Umfeld war kommunistisch oder wenigstens sozialdemokratisch; er wurde geprägt von der Arbeiterkultur seines saarländischen Heimatortes Wiebelskirchen, vom Arbeitersportverein «Fichte» über den Spielmannszug des Rotfrontkämpferbundes bis hin zur kommunistischen Kinderorganisation und zur Kommunistischen Partei selbst. Kommunist zu sein war für Erich Honecker zeit seines Lebens eine Selbstverständlichkeit, zu der es nie eine Alternative gab.

Die in allen Lebensbereichen herrschende hermetische Atmosphäre, in der Erich Honecker aufwuchs, war in der Zeit der Weimarer Republik typisch für die Milieukerne der Arbeiterschaft in den großen deutschen Industriezentren – zu denen das Saargebiet zählte, auch wenn es 1919 als Folge des Versailler Friedensvertrages der Verwaltung des Völkerbundes unterstellt wurde. Die kleine Stadt Neunkirchen, in der Erich Honecker am 25. August 1912 geboren wurde, und auch der Vorort Wiebelskirchen, in den die Honeckers kurz nach Erichs Geburt zogen, waren vom Steinkohlebergbau und der Eisenverhüttung geprägt. «Ein verrußtes Nest ohne genügend Sonne und Sauerstoff», nannte Honecker die kommunistische Hochburg im östlichen Saargebiet später.[1] Seit mehr als 200 Jahren schon war die Familie Honecker hier ansässig. Die Mutter, Karoline Honecker geborene

[1] Erich Honecker: Aus meinem Leben, Berlin (Ost) 1980, S. 2.

Weidenhof, stammte aus einer Metallarbeiterfamilie.
Vater Wilhelm war Bergmann, wie schon der Groß-
vater. Es war eine Familie, die man rückblickend der
so genannten Arbeiteraristokratie zurechnen würde.
Ihre Existenz war von bescheidenem Wohlstand,
das kleine Bergarbeiterhaus, in dem die Honeckers
wohnten, war ihr Eigentum, und die Kinder besuchten

Das Haus
der Familie
Honecker
in Wiebels-
kirchen

eine gute Volksschule bis zum vorgeschriebenen Abschluss. Dem Ende der Schulzeit schloss sich dann für viele junge Männer die Lehrlingsausbildung an – oftmals in dem Beruf des Vaters. So ist Honeckers älterer Bruder Willi wie sein Vater Bergmann geworden, doch Erich mochte den Beruf nicht. Er hatte eine Abneigung gegen die gefahrvolle Arbeit unter Tage und ist schließlich bei seinem Onkel in die Lehre als Dachdecker gegangen.

Aber die Honeckers waren nicht nur selbstbewusst, sie waren auch klassenbewusst. Der Erste Weltkrieg, an dem Wilhelm Honecker als Marinesoldat teilnehmen musste, und die anschließende Revolution hatten Honeckers Vater politisch radikalisiert. 1919, im Jahr ihrer Gründung, trat er der Kommunistischen Partei bei, nachdem er vorher schon Mitglied der USPD, einer linken Abspaltung der Sozialdemokratischen Partei, gewesen war. Fast jeden Abend waren nun die Genossen zu Gast, bis spät in die Nacht wurde diskutiert. Die Anwesenheit des erst siebenjährigen Erich wurde geduldet, wenn er nicht störte und nur still zuhörte. Natürlich habe er von den Diskussionen seinerzeit so gut wie kein Wort verstanden, schrieb Honecker später, aber «die Stimmung der Zusammenkünfte, das hartnäckige Ringen um Klarheit, das gegenseitige Vertrauen der Versammelten, ihr Wille zur revolutionären Veränderung des Lebens und auch die Namen der großen Revolutionäre, deren Wort aus dem Mund des Vaters kam» – all das habe ihn fasziniert und einen unvergesslichen Eindruck hinterlassen.[2] Wie selbstverständlich wuchs Erich so allmählich in das kommunistisch geprägte Umfeld seiner Eltern hinein. Oft half er seinem Vater beim Verteilen von Flugblättern oder führte Botengänge aus. Kurz nach seinem 10. Geburtstag, im Sommer 1922, wurde er Mitglied der kommunistischen Kindergruppe in Wiebelskirchen, mit 14 trat er dem Kommunistischen Jugendverband Deutschlands (KJVD) bei, mit 17 Jahren auch der KPD. Die Folge war, dass Honecker viel zu früh erwachsen wurde. Hobbys außerhalb der kommunistischen Vereinskultur hatte er nicht. Es war nicht sein Musikinteresse, das ihn motivierte, im Spielmannszug des Rotfrontkämpferbundes zu trommeln, er wollte nur eine Funktion ausüben, «wenn wir aufmarschierten».[3] Auch aus Mädchen machte er sich

[2] Erich Honecker: Aus meinem Leben, Berlin (Ost) 1980, S. 8.

[3] Reinhold Andert / Wolfgang Herzberg: Der Sturz, Berlin und Weimar 1990, S. 108.

nicht viel – es sei denn, sie waren klassenbewusste Arbeiterinnen.

Warum machte Honecker keinen Versuch, auszubrechen und den Weg zu verlassen, den andere wie selbstverständlich und ohne ihn zu fragen für ihn vorgezeichnet hatten? Man kann nur antworten: eben, weil es so selbstverständlich und scheinbar zwanglos war. Den offensichtlichen Zwangsmitteln seiner Lehrer an der Schule setzte er dagegen schon früh einen nicht zu durchbrechenden Starrsinn und eine bis zur Verzweiflung reichende Verbissenheit entgegen. Vor Wut biss er seinen Lehrer in die Wade, als der ihn, über die Knie gelegt, mit dem Rohrstock verdreschen wollte. «Der Erich konnte einfach nicht heulen», kommentierte ein Mitschüler hernach dieses Verhalten. «Und wenn er mal Prügel bekam, hat er immer gelacht.»[4] Die evangelische Volksschule war die einzige nichtkommunistische Institution in seiner täglichen Umgebung, und damit auch die einzige Institution, die seinem politischen Engagement ablehnend gegenüberstand. Es war keine Prügelhölle, der Druck war nicht so stark, und er war auch nicht systematisch genug, dass der junge Honecker daran zu zerbrechen drohte – er war gerade stark genug, um ihm beizubringen, wie man äußeren Druck widerstehend und äußerlich unbeeindruckt erträgt. Erst durch diese Erfahrung wurde der jungen Persönlichkeit Honeckers ein Aspekt hinzugefügt, der sich allein aufgrund der kommunistischen Erziehung nicht hätte herausbilden können. Er entwickelte ein manifestes Feindbild. «Wir hatten ja einen Gegner, und der hat uns zusammengehalten», resümierte Honecker später.[5] Zuverlässiger, als jeder innerfamiliäre Zwang dazu je in der

[4] Fritz Kurz, zit. n.: Erich Voltmer: «Der Erich konnte einfach nicht heulen», Saarbrücker Zeitung, 23. August 1977, S. 3.
[5] Reinhold Andert/Wolfgang Herzberg: Der Sturz, Berlin und Weimar 1990, S. 130.

Lage gewesen wäre, verhinderte dieses Feindbild ein Ausbrechen aus dem kommunistischen Milieu. Schon der Wunsch danach musste als schwerster Verrat empfunden werden.

So blieb für den neugierigen und unternehmungslustigen jungen Mann, der nicht sein ganzes Leben in einer Provinzstadt verbringen wollte, nur die Flucht nach vorn: Honecker entwickelte Ehrgeiz, politischen Ehrgeiz. Als er nach der Schulzeit nicht sofort eine Lehrstelle fand, ging er für zwei Jahre nach Pommern zu einem Bauern, bei dem er schon als Kind im Rahmen einer Art Kinderlandverschickung für kurze Zeit gewesen war. Vielleicht waren diese zwei Jahre die unbeschwerteste und schönste Zeit seines Lebens, auch wenn er sich in Pommern weiterhin der kommunistischen Agitation widmete. Auf dem Hin- und Rückweg war er zudem durch Berlin gekommen, und die «rote Riesenstadt» hatte ihn sofort fasziniert. Zurück in Wiebelskirchen, begann er zwar eine Lehre als Dachdecker bei seinem Onkel – aber das schien von Anfang an halbherzig zu sein. Die politischen Aktivitäten nahmen schon jetzt – er war 16 Jahre alt – so viel Zeit in Anspruch, dass sein Onkel ihm zeitweilig freigeben musste. 1928 wurde Honecker Ortsgruppenleiter des KJVD Wiebelskirchen, im Jahr darauf fuhr er zu kommunistischen Jugendkongressen nach Chemnitz, Leipzig oder Düsseldorf. Im September 1929 war er Delegierter auf dem II. Verbandskongress des KJVD in Berlin und besuchte das erste Mal ein Theater. Bezahlt wurde Honecker für seine Tätigkeit noch nicht, er arbeitete ehrenamtlich und bekam in den meisten Fällen nicht einmal die Fahrtkosten ersetzt. Um beim Reichsjugendtag in Leipzig dabei sein zu können, verkaufte er sogar sein Fahrrad.

Es blieb nicht aus, dass sein Engagement von der Leitung des KJVD in Berlin wahrgenommen wurde. Honecker wurde ausgesucht, für ein Jahr die Schule der Kommunistischen Jugendinternationale in Moskau zu besuchen. Jetzt brach er seine Lehre endgültig ab. Die Entscheidung über seinen weiteren Lebensweg war gefallen. Im Juli 1930 machte er sich auf den Weg nach Moskau.

Die Sowjetunion war zu dieser Zeit ein Land extremer Gegensätze. Mit dem ersten Fünfjahresplan sollte der Westen erst nur eingeholt und dann überholt werden. Gigantische Kraftwerke, Staudämme und Stahlwerke wurden aus dem Nichts in die ländliche Idylle Russlands gesetzt. Das Jahr, in dem Honecker in der Sowjetunion lebte, vom Sommer 1930 bis zum Sommer 1931, war ein vergleichsweise gutes Jahr in der wirtschaftlichen Umgestaltung der Sowjetunion – oder genauer: Es war etwas weniger schrecklich im Vergleich zu den Jahren zuvor und auch danach, als Kollektivierung, Hungersnöte und politischer Terror das Land in Atem hielten.

Es war also eine kurze Phase der Entspannung, in der Honecker im August 1930 in die Sowjetunion kam. Als er mit dem Zug am Belorussischen Bahnhof in Moskau einlief, war er begeistert, schon bei der Fahrt über die Grenze hatten ihn das Begrüßungstransparent mit der Aufschrift «Proletarier aller Länder, vereinigt euch!» und die roten Sterne an den Mützen der Rotarmisten euphorisch gestimmt. Zu Fuß schlenderte er vom Bahnhof aus zu seinem Domizil, dem später legendären Hotel Lux, und schaute sich dabei noch etwas um. Er bemerkte, dass die Auslagen der Geschäfte leer waren. Er sah das Kopfsteinpflaster und die Panjewagen auf den Straßen. Das war ländliche Idylle, oder nicht einmal das – auf jeden Fall kein Vergleich zu der hektischen Großstadt Berlin, die ihm so sympathisch war. Dennoch hielt sich Honeckers Begeisterung: «Ich war im Land meiner Träume.»[6] Auch bei ihm funktionierte die automatische Sortiermaschine, die schon bei vielen westlichen Journalisten und Intellektuellen funktioniert hatte, in der alles Negative als «Erbschaft der Vergangenheit» und alles Positive als «Saat der Zukunft» klassifiziert wurde.[7]

Aber es war ja gar nicht so sehr die Stadt Moskau an sich, die ihn anzog, sondern die besondere Atmosphäre und die vielen Begegnungen. Honecker traf Max Hoelz, den «Robin Hood des Vogtlandes», der in die Sowjetunion gekommen war, nachdem er mehrere Jahre in Deutschland im Gefängnis gesessen hatte. Er lernte Semen Michailowitsch Budjonny, den legendären Reitergeneral aus dem russischen Bürgerkrieg, kennen sowie Karl Radek, den deutsch-russischen Revolutionär, der einige Jahre zuvor aus der sibirischen Verbannung, in die er als «Trotzkist» geschickt worden war, zurückgekehrt war, nur um einige Jahre später als «Verräter» hingerichtet zu werden. Diese Begegnungen waren es, die Honecker faszinierten. Und hier in der Sowjetunion war er zum ersten Mal selbst etwas Besonderes: ein aufstrebender junger Kader nämlich, von dem noch vieles erwartet werden dürfte. Auch an der Schule, wo er nicht nur im Marxismus-Leninismus unterwiesen wurde, sondern auch reiten und schießen lernte, brachte man ihm diese Haltung entgegen. Honecker wirkte in diesem Jahr in der So-

[6] Erich Honecker: Aus meinem Leben, Berlin (Ost) 1980, S. 36.
[7] Vgl. Arthur Koestler: Autobiographische Schriften Band 1, Frankfurt am Main u. a. 1993, S. 322.

An der Lenin-Schule in Moskau

wjetunion entspannt, gelassen und selbstbewusst. Zum ersten Mal in seinem Leben verliebte er sich – in seine Mitschülerin Natascha Grejewna. Am Ende seines Aufenthaltes stand ein mehrwöchiger Arbeitseinsatz in Magnitogorsk, wo binnen weniger Jahre ein gigantisches Stahlwerk in die öde und leere Steppe gebaut wurde. Auch dieses Erlebnis grub sich tief in Honeckers Gedächtnis ein. In zahlreichen späteren Reden und Schriften, hat er die damals von beispielloser Euphorie getragene Aufbauleistung verherrlicht. Die vielen tausend Arbeitssklaven, die neben der Baustelle in Lagern dahinvegetierten, hat er in seinen Beschreibungen allerdings unterschlagen. Alles Negative und Erschreckende wurde überlagert von seinem Enthusiasmus und dem Stolz auf die eigene Leistung – mit jedem Rückblick wurde die Tat heroischer, denn Magnitogorsk war im Zweiten Weltkrieg zu einer entscheidenden Stütze der sowjetischen Kriegsindustrie geworden, und das allein schien alle Opfer zu rechtfertigen.

Trotz der vielen Eindrücke, die das Jahr in der Sowjetunion bei Honecker hinterlassen hatte, gab es seinem Leben keine dramatische Wendung. Seine Wirkung auf Honeckers Charakter kann allenfalls als festigend beschrieben werden, vor allem in Bezug auf sein Selbstbewusstsein, aber auch hinsichtlich seines Glaubens an den Kommunismus und die Sowjetunion. Und so zeigte erst der Vergleich zwischen Honeckers Persönlichkeit *vor* dem Aufenthalt in der Sowjetunion und *danach* die wahre Bedeutung dieses Jahres. Vor der Zeit in der Sowjetunion war er nur ein junger Genosse unter vielen gewesen; als er zurückkam, wurde er sofort als Führungsfigur anerkannt – die Lehrzeit in der Sowjetunion hatte ihn im kommunistischen Sinne gleichsam geadelt. Selbst Genossen, die um vieles älter waren als er selbst, sahen in ihm ihren unumstrittenen An- und Wortführer. Wie selbstverständlich übernahmen sie für ihn auch die handgreiflichen Auseinandersetzungen mit dem politischen Gegner. Honeckers Aufgabe war es nicht, zu prügeln, sondern Reden zu halten und zu diskutieren.[8]

Nach einigen Jahren scheinbarer politischer Stabilität hatte in Deutschland mit dem unaufhaltsamen Aufstiegs der Nationalsozialisten die letzte Phase der Weimarer Republik eingesetzt. In Erinnerung geblieben ist diese Zeit vor allem durch die dramatisch anwachsende Zahl der Arbeitslosen und den offenen Terror der SA. 1933 waren die Nazis schließlich am Ziel. Damit begann, nur eineinhalb Jahre nach Honeckers Rückkehr aus der Sowjetunion, wieder ein neues Kapitel in seinem Leben: die Zeit im Widerstand gegen Hitler.

[8] Erich Voltmer: «Begegnung vor 40 Jahren», in: Saarbrücker Zeitung, 5. Mai 1971.

Widerstand und Haft

Mit einem Fackelzug feierte die SA am Abend des 30. Januar 1933 die Ernennung Adolf Hitlers zum Reichskanzler, der sofort alles daransetzte, um die Weimarer Verfassung schrittweise außer Kraft zu setzen und die gesamte Macht an sich zu reißen. Das erste entscheidende Ereignis auf diesem Wege war der Brand des Reichstages in Berlin am 27. Februar 1933. Es gab keinen Zweifel daran, dass es Brandstiftung war, denn noch am Tatort konnte der Holländer Marinus van der Lubbe verhaftet werden. Van der Lubbe war ein schwer zu durchschauender Mann, dessen Tatmotiv bis heute unklar geblieben ist, doch mit an Sicherheit grenzender Wahrscheinlichkeit steht fest, dass er keine Hintermänner oder Komplizen hatte – zumindest nicht aus dem Umfeld der Kommunisten, wie die Nationalsozialisten behaupteten. Doch ebendiese Tat eines Einzelnen nahm Hitler zum Vorwand, um den Reichspräsidenten Hindenburg noch am selben Tag eine Notverordnung «zum Schutz von Volk und Staat» unterzeichnen zu lassen, die alle Grundrechte bis auf weiteres außer Kraft setzte und Hitler die Möglichkeit willkürlicher Verhaftungen einräumte.

Der nationalsozialistische Terror, der nun einsetzte, traf in seiner ersten Welle vor allem die Kommunisten. Seit mehreren Jahren schon – und verstärkt seit dem Sommer 1932 – hatte sich die KPD auf ein Wirken im Untergrund einzustellen versucht, doch die Vorbereitungen erwiesen sich gegen die nun rasch aufeinander folgenden Hausdurchsuchungen und Razzien als wirkungslos. Tausende leitende Funktionäre wurden unmittelbar nach dem Reichstagsbrand verhaftet. Am

3. März gelang es der Polizei sogar, den Parteivorsitzenden Ernst Thälmann festzunehmen. Aufgrund des zentralistischen Aufbaus der Partei führte die Inhaftierung der Spitzenfunktionäre und der hauptamtlichen Parteisekretäre sofort zu einer Lähmung der unteren Einheiten. So war bereits nach wenigen Wochen fast die gesamte Organisation der Partei zerschlagen.[1]

Es war nur ein kleiner, aber bemerkenswerter Teil der KPD-Mitglieder, der das Risiko illegaler Aktivitäten auf sich nahm und die Partei meist aus eigener Initiative regional wieder aufbaute und vernetzte. Wichtigste Aufgabe war dabei zunächst, die Mitgliedsbeiträge einzusammeln und weiterzuleiten, um die finanziellen Mittel zur Aufrechterhaltung der Organisation zu sichern. Der Widerstandskampf beschränkte sich vorerst auf das Verteilen von Flugblättern und das Malen von Losungen an Häuserwände – es war nicht viel mehr als ein Zeichen, dass es die KPD überhaupt noch gab.[2]

Das Saargebiet gehörte noch nicht zum Machtbereich des Dritten Reiches. Erst zwei Jahre später, 1935 also, sollte in einer Volksabstimmung über den endgültigen Status entschieden werden – so hatte es der Versailler Vertrag vorgesehen. Bis dahin stand die Saar noch unter der Obhut des Völkerbundes, was zur Folge hatte, dass die im Reich verbotenen Parteien im Saargebiet legal weiterarbeiten konnten. Im Saargebiet herrschten also günstige Voraussetzungen für antifaschistische Aktivitäten, und so bildete sich hier schnell ein Zentrum des Widerstandes gegen Hitler heraus. Widerstandsgruppen im Reich konnten von hier aus relativ ungefährdet mit Flugblättern und an-

[1] Vgl. Hermann Weber: Die KPD in der Illegalität, in: Richard Löwenthal / Patrik von zur Mühlen (Hg.): Widerstand und Verweigerung in Deutschland 1933 bis 1945, Bonn 1982, S. 83–101 (85).
[2] Klaus-Michael Mallmann: Kommunistischer Widerstand 1933–1945, in: Peter Steinbach / Johannes Tuchel (Hg.): Widerstand gegen den Nationalsozialismus, Berlin 1994, S. 113–125 (119).

derem Material versorgt werden, und auch ein Teil der sozialdemokratischen sowie der kommunistischen Widerstandstätigkeit im Reich wurde vom Saargebiet aus koordiniert. In den kommunistischen Hochburgen, zu denen auch Honeckers Heimatstadt Wiebelskirchen gehörte, richtete die Kommunistische Partei so genannte Grenzstellen ein. Das waren verdeckt arbeitende Kontaktbüros, die direkt der Exilleitung der KPD in Paris unterstanden und deren Aufgabe es war, die Untergrundtätigkeit im Reich anzuleiten und zu unterstützen.[3] Dafür war eine rege Kuriertätigkeit nötig. In der Regel wurden hierzu keine Saarländer eingesetzt, denn sie waren in der Bevölkerung als Kommunisten bekannt und für die Gestapo leicht zu identifizieren. Dennoch musste Erich Honecker mindestens einmal mit einem Kurierauftrag nach Mannheim ins Reich fahren. Seine Aufgabe war es unter anderem, den örtlichen KJVD von einer bevorstehenden Tagung des Zentralkomitees zu informieren, die Anfang August in Amsterdam stattfinden und auf der die weitere Strategie für den Widerstandskampf besprochen werden sollte. «Tatsächlich fand die Tagung auf einem größeren Motorboot statt, mit dem wir, um vor Lauschern sicher zu sein, wie eine Reisegesellschaft durch die Amsterdamer Grachten hinaus in den Nordseekanal fuhren», erinnerte sich Honecker.[4]

Auf ihn selbst wartete in Amsterdam eine wichtige Nachricht: Er sollte als Instrukteur des Zentralkomitees des KJVD ins Ruhrgebiet gehen. Im Sommer 1933 war in Essen die dortige Leitung des kommunistischen Jugendverbandes verhaftet worden. Jetzt sollte Honecker die Verbindung zu den regionalen Widerstandsgruppen wieder aufnehmen. Noch im August

[3] Vgl. Patrick von zur Mühlen: «Schlagt Hitler an der Saar», Bonn 1977, S. 181–189.
[4] Erich Honecker: Aus meinem Leben, Berlin (Ost) 1980, S. 67 f.

fuhr er mit dem Zug vom Saarland aus nach Essen. Schon das war ein großes Risiko, denn er hatte zwar einen Decknamen, aber keinen entsprechenden falschen Pass erhalten. Ein in Essen untergetauchter KJVD-Funktionär vermittelte Honecker für seinen Aufenthalt einige sichere Unterkünfte – unter anderem eine Laube in einer Schrebergartenkolonie, in der sich Honecker nach Einbruch der Dunkelheit mit Genossen aus allen Ecken des Ruhrgebietes traf. Unter Beachtung genauer Sicherheitsregeln stellte die Gruppe um Honecker Flugblätter her und verteilte im Ausland hergestellte Tarnschriften, die unverfängliche Umschläge trugen: «Ich entsinne mich noch an ein Heft, das als ‹Mondamin-Kochbuch› aufgemacht war und im Inneren über die Ermordung unseres Genossen John Schehr am 1. Februar 1934 in der Gestapozentrale in der Berliner Prinz-Albrecht-Straße informierte», schrieb Honecker in seinen Erinnerungen. «Die Vertreter der Mondamin GmbH reisten im Land umher und warnten vor der Tarnschrift, wodurch sie erst recht bekannt wurde.»[5]

Seine spektakulärste Aktion vollzog Honecker in seinen Essener Jahren Anfang 1934. Zusammen mit einem Genossen warf er Flugblätter aus dem Toilettenfenster im obersten Stock eines zentral gelegenen Kaufhauses. «Hinter einer verriegelten Tür, die außen das Zeichen ‹Besetzt› trug, packte ich die Blätter aus und warf sie in einigen gut gezielten Portionen aus dem Fenster in den Wind. Ich sah sie noch lustig zur Erde flattern, dann verließ ich rasch das Kaufhaus, Albert dicht hinter mir. Wenige Minuten später – wir waren gerade auf eine Straßenbahn der Linie 9, Richtung Viehhofener Platz, aufgesprungen – sausten schon

[5] Erich Honecker: Aus meinem Leben, Berlin (Ost) 1980, S. 69.

Autos mit SA und Polizei heran und sperrten das Gelände ab.»[6]

Solche Aktionen zeigten jedoch nicht nur, wie schwierig es war, im nationalsozialistischen Deutschland Widerstand zu leisten, sondern auch, welch enormes Risiko damit einherging. Diesmal war es noch gut gegangen, doch kurz nach der Aufsehen erregenden Tat wurde Honecker verhaftet. Am 15. Februar 1934 forderte ihn ein Kriminalbeamter vor einem Essener Kino auf, mit ihm zu kommen. Auf dem Revier bekam er später zu hören, er sei ein «der Dieberei verdächtiger, vagabundierender Jugendlicher».[7] Das war natürlich nur ein Vorwand – und Honecker ahnte es. Gestapo-Beamte hatten beobachtet, wie er sich mit zwei anderen, ihnen bekannten KJVD-Funktionären getroffen hatte, und nun wollten sie wissen, wer er war – mehr vorerst jedoch nicht. Und so wurde er, nachdem seine Personalien festgestellt worden waren, völlig überraschend wieder freigelassen.

Von nun an musste Honecker doppelt vorsichtig sein: Sein Name war polizeilich aktenkundig. Sofort nach seiner Freilassung begann die Essener Gestapo, Informationen über ihn einzuholen, und war sich über seine Funktion bald im Klaren. Am 4. März meldete die auch für Essen zuständige Stapo-Leitstelle Düsseldorf der Gestapo-Zentrale in Berlin, dass sich im Ruhrgebiet eine neue KJVD-Zelle unter Honeckers Führung gebildet habe. Die ganze Gruppe werde beobachtet, um im geeigneten Moment zugreifen zu können.[8]

Gerade noch rechtzeitig gelang Honecker die Flucht. Er selber hatte zwar nicht bemerkt, dass er beschattet worden war, doch ein Kurier aus Berlin

[6] Erich Honecker: Aus meinem Leben, Berlin (Ost) 1980, S. 72.
[7] Erich Honecker: Aus meinem Leben, Berlin (Ost) 1980, S. 73.
[8] Henrik Eberle: Anmerkungen zu Honecker, Berlin 2000, S. 13.

brachte die Nachricht, dass die Gestapo die Decknamen der KJVD-Leitung im Ruhrgebiet kenne. Nicht nur Honecker, auch die anderen Mitglieder der KJVD-Leitung wurden aufgefordert, sich sofort nach Holland abzusetzen.

Nach einem kurzen Aufenthalt in Amsterdam beorderte die Partei Honecker im Spätsommer 1934 zurück ins Saargebiet. Während seiner Abwesenheit hatte sich die Lage dort dramatisch zugespitzt. Die Volksabstimmung über den endgültigen Status der Region sollte am 13. Januar 1935 stattfinden. Drei Alternativen standen zur Wahl: die Rückgliederung des Saargebietes in das Deutsche Reich, der Anschluss an Frankreich oder die Fortsetzung der Verwaltung durch den Völkerbund. In dem bevorstehenden Wahlkampf stand die Kommunistische Partei allerdings vor zwei grundsätzlichen Dilemmata, die sich aus ihrer bisherigen Politik ergaben. Zum einen hatte die Parteileitung seit Jahren die Parole von einem «roten Saargebiet in einem Räte-Deutschland» ausgegeben, was mit jedem Tag, den Hitler an der Macht war, weltfremder und absurder klang und die auf die zur Abstimmung gestellten Alternativen gar nicht anwendbar war. Zum anderen hatte die KPD unter dem Einfluss der Komintern erklärt, der Sieg Hitlers bedeute keine Niederlage der Arbeiterbewegung und nach wie vor seien die Sozialdemokraten der eigentliche Hauptfeind. Schon vor 1933 hatte diese offizielle Parteilinie nicht der Realität entsprochen, denn die Parteibasis sah durchaus in der NSDAP ihren ärgsten Feind, und immer wieder hatten sich KPD-Mitglieder und SA in den letzten Jahren der Weimarer Republik brutale Straßenschlachten geliefert. Jetzt, nach zwei Jahren des Untergrundkampfes, in dessen Verlauf Sozialdemokraten und Kommunisten durch alltägliche, praktische Solidarität zusammengefunden hatten und daraufhin an manchen Orten sogar gemeinsame Widerstandsgruppen entstanden waren, stieß das Schlagwort von den «Sozialfaschisten», wie die SPD-Mitglieder von der KPD-Führung genannt wurden, bei der Parteibasis auf offenen Widerspruch.

So geschah unter dem Druck der kommunistischen Parteibasis im Saargebiet etwas Einmaliges. Im Kampf gegen den Anschluss an das nationalsozialistische Deutschland rangen sich Sozialdemokraten und Kommunisten dazu durch, eine «Einheitsfront» zu bilden. Letztlich handelte es sich dabei nur um ein lockeres Bündnis mit dem Ziel, die gegenseitigen Angriffe einzustellen, sich auf den gemeinsamen Hauptfeind zu konzentrieren und Seite an Seite für den Status quo zu werben – aber verglichen mit der Feindschaft, die bis dahin zwischen der SPD und KPD bestanden hatte, war es eine kleine Sensation. Doch damit nicht genug: Die Kommunisten bemühten sich nun sogar um eine Zusammenarbeit mit kirchlichen, vor allem katholischen, Verbänden. In einem vermutlich im Sommer 1934 im Saargebiet verbreiteten Flugblatt versprach die Partei, niemals Kirchen zu schänden oder Priester zu ermorden: Jeder Katholik könne der KPD beitreten, ohne aus der Kirche austreten zu müssen.[9]

Erich Honecker war ein Anhänger der neuen Politik und konnte sich nun bei seiner Arbeit direkt dafür einsetzen. Mit der bisherigen offiziellen Parteilinie war er ohnehin unzufrieden gewesen – sie habe ihn, wie er später meinte, auch nicht davon abgehalten, «für die Einheitsfront im Lande einzutreten».[10] Er be-

[9] Vgl. Patrick von zur Mühlen: «Schlagt Hitler an der Saar», Bonn 1979, S. 208.
[10] Reinhold Andert / Wolfgang Herzberg: Der Sturz, Berlin und Weimar 1990, S. 160.

kam die Aufgabe, Kontakte zur katholischen Jugend herzustellen. Er verteilte Flugblätter und sprach auf zahlreichen Versammlungen, jetzt oft gemeinsam mit Vertretern der katholischen und der sozialdemokratischen Jugend. Der Höhepunkt seiner Aktivitäten war ein Auftritt bei einem großen Jugendkongress im Dezember 1934. «Wir haben bis zur letzten Minute gekämpft», schrieb Honecker später,[11] doch an einen Sieg bei der Abstimmung glaubte er selbst nicht mehr. Höchstens 35 Prozent der Wähler würden für den Status quo stimmen, vermutete er. In Wirklichkeit waren es dann noch viel weniger. Über 90 Prozent der saarländischen Bevölkerung wählten am 13. Januar 1935 die Vereinigung mit Deutschland. Der Kampf ums Saarland war verloren.

So blieb die Einheitsfront ohne unmittelbaren politischen Erfolg. Sie hielt auch nicht über das Datum der Saar-Abstimmung hinaus, doch die psychologische Langzeitwirkung war enorm: Von nun an beflügelte der Gedanke des gemeinsamen Kampfs die Vorstellungswelt vieler Kommunisten und Sozialdemokraten.[12] 10 Jahre später, nach der Niederlage Hitler-Deutschlands im Mai 1945, sollte dieser Wunsch bei vielen Mitgliedern von SPD und KPD wieder eine wichtige Rolle spielen.

Mit dem Ausgang der Abstimmung war klar, dass Honecker nicht mehr im Saargebiet bleiben konnte. Am 28. Februar 1935, einen Tag vor der Rückgliederung in das Deutsche Reich, meldete er sich bei der Einwohnermeldestelle seiner Heimatstadt Wiebelskirchen offiziell ab und floh nach Paris. Einige Monate verbrachte er dort als «Saarflüchtling», dann erhielt er einen neuen Auftrag. In Abwesenheit war er im De-

[11] Erich Honecker: Aus meinem Leben, Berlin (Ost) 1980, S. 85.
[12] Patrick von zur Mühlen: «Schlagt Hitler an der Saar», Bonn 1979, S. 195f.

zember 1934 ins Zentralkomitee des kommunistischen Jugendverbandes gewählt worden, und nun sollte er den Leiter des KJVD in Berlin, Bruno Baum, ablösen, weil der wegen seines jüdischen Aussehens bei Razzien zu sehr gefährdet war. Ende Juli oder Anfang August überschritt Honecker illegal bei Mühlhausen die Grenze zur Schweiz. Dort erhielt er einen neuen Pass. Als der Seemann «Marten Tjaden, geboren am 21. September 1911 in Amsterdam» reiste Honecker von Zürich über Prag, Eger und Nürnberg nach Berlin.

Die Arbeit in Berlin war mühselig und aufreibend. Nur wenige Genossen standen für die illegale Arbeit überhaupt noch zur Verfügung. Abgesehen vom Ablegen einiger Flugblätter an belebten Orten und der Erstellung von Stimmungsberichten für die Exilleitung des Verbandes reichte die Kraft nur noch zum Aufrechterhalten der Organisation. Und dann, am 4. Dezember 1935 – nur gut zwei Monate nach Honeckers Ankunft in Berlin –, flog die gesamte Widerstandsgruppe auf. Am Tag zuvor hatte sich Honecker mit Sarah Fodorová, einer Kurierin aus Prag, getroffen. Von ihr erhielt er einen Umschlag mit 350 Reichsmark,

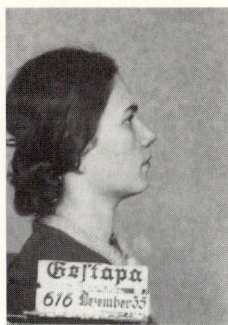

einen Notizblock mit verschlüsselten Nachrichten und einen Gepäckschein. Was Honecker nicht wissen konnte: Sarah Fodorová wurde bereits von der Gestapo beschattet. Ahnungslos fuhr er am Abend nach dem Treffen zum Anhalter Bahnhof, um den Gepäckschein einzulösen. Er erhielt einen Koffer, in dessen doppeltem Boden kommunistisches Propagandamaterial und Exilzeitungen versteckt waren. Aber das Verhalten des Bahnhofsbeamten an der Gepäckausgabe kam Honecker verdächtig vor. Bei der Rückfahrt in einem Taxi schließlich war er davon überzeugt, dass er verfolgt wurde. In Panik geraten, sprang er am Bahnhof Zoo aus dem Taxi – ohne den Koffer, der ihm bei der Flucht nur hinderlich gewesen wäre und ihn im Falle einer Verhaftung schwer belastet hätte. Für den Moment konnte Honecker die Verfolger abschütteln und unbehelligt in seine Wohnung im Wedding zurückkehren, doch am nächsten Morgen wurde er festgenommen, kurz nach dem Verlassen des Hauses. Am selben Tag wurden auch Sarah Fodorová, Bruno Baum und sechs weitere Mitglieder des Jugendverbandes verhaftet.

Erich Honecker und Sarah Fodorová nach der Verhaftung durch die Gestapo

Honecker wurde in die Prinz-Albrecht-Straße gebracht, ins berüchtigte Hauptquartier der Gestapo. Was sich hier in den folgenden Tagen ereignete, gehört zu einem der umstrittensten Abschnitte in Honeckers Leben – genau rekonstruieren lässt es sich nicht mehr. Honeckers Angaben in der Autobiographie sind lückenhaft, wenig detailliert und in mancher Hinsicht unglaubwürdig.[13] Nur mit dem lapidaren Satz, die Erlebnisse in der Prinz-Albrecht-Straße gehörten «wohl zu jenen, die man nicht vergisst», und dem Hinweis auf die «physischen und psychischen Torturen» deutet er Misshandlungen und Folter an. In der Sprache der Gestapo war dies die «Anwendung verschärfter Vernehmungsmethoden», die auf keinen Fall aktenkundig werden durfte[14] – und so geben auch die Protokolle der Gestapo-Verhöre und die Prozessakten kein wirklich klares und schlüssiges Bild von dem, was Honecker widerfuhr. Als 1990 im Zuge der Ermittlungen der DDR-Staatsanwaltschaft ebendiese Akten im Panzerschrank von Stasi-Chef Erich Mielke gefunden wurden, wurde gemutmaßt, Honecker sei aufgrund seines Verhaltens erpressbar gewesen. Mehrere Monate tauchte die Behauptung, mit seinen Aussagen habe er Bruno Baum schwer belastet und Sarah Fodorová der Gestapo ausgeliefert, immer wieder in Magazinen und Boulevardzeitungen auf. Doch auf den zweiten Blick waren die Akten aus Mielkes Koffer gar nicht so spektakulär, wie es zunächst schien. Zum großen Teil belastete Honecker in den Verhören Genossen, die er sicher im Ausland glaubte, oder erzählte der Gestapo detailliert von den vergangenen konspirativen Treffen in Prag, womit er niemanden gefährdete, sondern nur sich selbst belastete.

[13] Erich Honecker: Aus meinem Leben, Berlin (Ost) 1980, S. 91.
[14] Vgl. Lothar Gruchmann: Die Justiz im Dritten Reich, München 1988, S. 712.

In einem Verhör am 7. Dezember, also nur drei Tage nach seiner Verhaftung, gab er allerdings zu, Bruno Baum sei der «verantwortliche Mann» des KJVD in Berlin gewesen – eine Mitteilung, die ihm später angelastet wurde, die für die Gestapo jedoch kaum Neuigkeitswert gehabt haben dürfte.

Etwas schwieriger zu bewerten ist sein Verhalten im Fall Sarah Fodorovás. Über sie wusste die Gestapo fast nichts, und die Tschechin zeigte sich in den Verhören widerspenstig und unzugänglich. «Erst nach und nach, als sie einsah, dass die Polizei mehr wusste, als sie vermuten konnte, bequemte sie sich, Zugeständnisse zu machen», vermerkte der polizeiliche Schlussbericht der Voruntersuchung. «Sie gab allerdings nicht mehr zu, als ihr im Einzelnen nachgewiesen werden konnte, und das auch nur unter dem Druck der bereits durch Honecker gemachten Aussagen.» [15] Was also hatte Honecker gesagt? Viel wusste er von Sarah Fodorová ja selbst nicht. Er hatte sich mit ihr getroffen, und sie hatte ihm ein Notizbuch und einen Gepäckschein für einen Koffer übergeben. Das war alles, was er berichten konnte.

Aber inwieweit war Fodorová überhaupt eingeweiht? War sie wissentlich oder unwissentlich zur Kurierin der KJVD geworden – das war es, was die Gestapo interessierte. Und so konzentrierten sich ihre Ermittlungen auf die Frage, ob Sarah Fodorová den Inhalt des Koffers kannte. Von der Gestapo dazu verhört, gab Honecker im Mai 1936 zur Protokoll: «Ich betrachtete die Fodorová als Genossin, die zu Kurierzwecken nach Berlin gekommen war. Dass sie den Kofferinhalt kannte, möchte ich annehmen.» Angesichts dieser Aussage lag die Schlussfolgerung nahe,

[15] Schlussbericht der Voruntersuchung vom 10. Dezember 1935, zit. n.: «Die Lebenslüge des Erich Honecker», in: Der Stern, 22. November 1990.

33

Honeckers Verhalten sei für Sarah Fodorová «besonders verhängnisvoll» gewesen, wie es in einem der Zeitschriftenartikel aus dem Jahre 1990 hieß.[16] Doch die Akten des Prozesses, der nach Abschluss der polizeilichen Ermittlungen im Juni 1937 vor dem Volksgerichtshof in Berlin begann, zeichnen ein völlig anderes Bild. Das Gericht kam im Laufe der Verhandlung zu dem Schluss, dass Fodorová den Koffer mit dem belastenden Material «unwissend» und nur aus «Gefälligkeit für eine ihrer Bekannten» nach Berlin mitgenommen habe. Als sie vom Inhalt des Koffers erfuhr, habe sie Honecker ihre Bestürzung mitgeteilt, und dieser habe sie mit dem Hinweis beruhigt, dass ihr schon nichts zustoßen werde.[17] Aufgrund welcher Anhaltspunkte oder welcher Aussagen das Gericht zu dieser Schlussfolgerung kam, geht aus den Akten nicht hervor. Aber möglicherweise hatte Honecker sich vor Gericht anders verhalten als vorher im Folterkeller der Gestapo.

Im März 1992 meldete sich Sarah Fodorová, die mittlerweile unter dem Namen Sarah Wiener in Israel lebte, überraschend selbst zu Wort, um Honecker zu entlasten. Am 20. März 1992 schrieb sie in einem Brief an die Zeitschrift «Super»: «Ich habe heute zufällig einen Aufsatz im ‹Super› vom 9. 9. 1991 gelesen, in dem von mir die Rede ist, und ich möchte einiges richtig stellen. Mein Name ist Sarah Wiener (früher Fodorová). Ich bin die Kurierin aus Prag, von der im Artikel die Rede ist. Ich wurde im Dezember 1935 verhaftet und wurde vor das Nazi-Volksgericht gestellt, zusammen mit Bruno Baum, Erich Honecker und anderen. Ich bin vom Gericht freigesprochen worden aus Mangel an Beweisen. Dies geschah dank der Aussagen

[16] Zit. n.: «Die Lebenslüge des Erich Honecker», in: Der Stern, 22. November 1990.
[17] Zit. n. Heinz Lippmann: Honecker, Köln 1971, S. 250.

und des Verhaltens von Honecker. (…) Nach der Freisprechung kehrte ich in die Tschechoslowakei zurück, dann lebte ich in den USA, wieder in der Tschechoslowakei, und seit ungefähr 24 Jahren lebe ich in Israel – also keine Schutzhaft nach dem Gericht, kein KZ, kein Tod durch Gas, wie Sie schreiben. Ich ersuche Sie nachdrücklich, diesen meinen Brief zu veröffentlichen.» [18] Warum der Brief zunächst nicht veröffentlicht wurde, bleibt das Geheimnis von «Super», aber er wurde Friedrich Wolff, dem Rechtsanwalt von Erich Honecker, zugespielt, der ihn zusammen mit seinen Erinnerungen an den Honecker-Prozess abdrucken ließ.

Tatsächlich wurde Sarah Fodorová 1937 aus Mangel an Beweisen freigesprochen. Honecker dagegen erhielt zehn Jahre Gefängnis. In der Urteilsbegründung vom 8. Juni 1937 heißt es: «Die Angeklagten Baum und Honecker sind, wie Umfang und Intensität ihrer illegalen Arbeit für den KJVD und auch ihre Erklärungen in der Hauptverhandlung erweisen, überzeugte und unbelehrbare Anhänger des Kommunismus. Sie haben sich den ihnen gestellten hochverräterischen Aufgaben mit außerordentlicher Einsatzbereitschaft gewidmet.» [19]

Nach seiner Verurteilung wurde Honecker vom Untersuchungsgefängnis Berlin-Moabit zunächst in das Zuchthaus Berlin-Plötzensee und dann nach Brandenburg-Görden überführt. Dabei handelte es sich zwar nicht um ein Konzentrationslager, aber um ein Zuchthaus, in dem die Insassen verschiedenen Schikanen ausgesetzt waren. «Nicht wenige der Aufseher behandelten die politischen Gefangenen äußerst brutal», erinnerte sich Honecker. [20] Anfangs saß er in

[18] Zit. n. Friedrich Wolff: Verlorene Prozesse 1953–1998, Baden-Baden 1999, S. 256.
[19] Zit. n.: Erich Honecker: Aus meinem Leben, Berlin (Ost) 1980, S. 94.
[20] Erich Honecker: Aus meinem Leben, Berlin (Ost) 1980, S. 95.

Einzelhaft, dann kam er in eine Dreierzelle, bei deren Belegung die Anstaltsleitung sehr genau darauf achtete, dass immer auch ein «Krimineller» dabei war, damit die «Politischen» niemals unter sich waren und sich nie ungestört austauschen konnten. Eine wirkliche Parteigruppe, wie von der kommunistischen Literatur immer behauptet, gab es in Brandenburg-Görden nicht – aber in der Regel kannten die Kommunisten sich gegenseitig und versuchten, den Kontakt untereinander aufrechtzuerhalten. Besonders wichtig für die Kommunikation der Häftlinge waren die Kalfaktorenposten, denn diese Stellungen als Hilfskräfte des Gefängnispersonals ermöglichten es, Mitgefangene kennen zu lernen und Informationen zu sammeln.

Gegen Ende des Jahres 1937 wurde auch Honecker Kalfaktor, und zwar beim Anstaltsarzt. Dies war ein besonders begehrter Posten, denn neu eingelieferte Gefangene wurden normalerweise zunächst medizinisch untersucht. So war Honecker oft der Erste, der Gelegenheit hatte, mit den Neuankömmlingen zu sprechen und Informationen von «draußen» zu bekommen – Informationen etwa über die Situation im Dritten Reich oder die aktuelle politische Linie der KPD.

Zwei Jahre lang blieb Honecker Arztkalfaktor; Ende 1939 wurde er abgelöst. Es folgten verschiedene andere Posten. Erst musste er Säcke mit Hanf und Sisalstricken den Mithäftlingen zum Entknoten in die Zellen bringen, dann waren es Kisten mit Spielzeugsoldaten, die von den Zuchthausinsassen bemalt werden sollten. In all diesen Jahren – mittlerweile war der Zweite Weltkrieg ausgebrochen, und nach anfänglichen Blitzsiegen war die Deutsche Wehrmacht tief nach Russland eingedrungen – agierte Honecker äußerst vorsichtig. So sehr, dass sich viele seiner Mitgefangenen an ihn als einen «wenig kameradschaftlichen» und «kaltschnäuzigen» Typ erinnern, der nur korrekt seine Funktion als Kalfaktor wahrnahm und auf Sollerfüllung und saubere Arbeit in seiner Gruppe achtete.[21]

Im März 1943 wurde Honecker einer Baukolonne des Zuchthauses zugeteilt und zu Dacharbeiten bei Rüstungsbetrieben in der Umgebung herangezogen. Seit Ende 1943 war sein Einsatzort Berlin, das von den Bombenangriffen der Alliierten immer häufiger heimgesucht wurde. Wieder war es seine Aufgabe, beschädigte Dächer zu reparieren, nun vor allem an öffentlichen Gebäuden im Zentrum der Stadt. Im Zuchthaus Brandenburg-Görden hielt er sich jetzt kaum noch auf, denn sein Arbeitskommando wurde im Frauengefängnis Berlin-Barnimstraße untergebracht. «Unvergessen bleibt mir der Großangriff anglo-amerikanischer Bomber auf Berlin Ende Februar 1945, als das ganze Gebiet vom Alexanderplatz bis nach Lichten-

[21] Heinz Lippmann: Honecker, Köln 1971, S. 40.

berg in Schutt und Asche sank», berichtete Honecker in seinen Memoiren. «Wir waren gerade im Einsatz auf den Dächern des Frauengefängnisses und sahen bald aus wie die Bergarbeiter, wenn sie aus dem Schacht kommen. An diesem Tag verdunkelte sich das Licht der Sonne, und der Tag verwandelte sich in Nacht, erhellt von vielen Bränden. Immer wieder fielen auf die Dächer des Frauengefängnisses Brandbomben, die wir hinunterwarfen.» Die Arbeit, die Honecker zu tun hatte, war lebensgefährlich und gerade deswegen waren es Häftlinge, die zu solchen Tätigkeiten herangezogen wurden. Trotzdem freute sich Honecker über seine Bewegungsfreiheit. Im Gefängnis hatte er eine zwangsverpflichtete Aufseherin namens Lotte Grund kennen gelernt, die wie er jahrelang im Arbeiter- und Sportverein «Fichte» Mitglied gewesen war – und er verliebte sich in sie. Gemeinsam hörten sie während der Bombenangriffe ausländische Rundfunksender wie BBC-London oder Radio Moskau. Von Lotte Grund erfuhr Honecker im Februar 1945 auch vom Vorstoß der Roten Armee an die Oder. Aus Angst, in den letzten Wochen des Krieges von der SS auf einen «Transport» oder einen «Todesmarsch» geschickt zu werden, entschloss er sich zur Flucht. Am Vormittag des 6. März hangelten sich sein Genosse Erwin Hanke und er am Blitzableiter des Gefängnisdachs auf das Dach eines unmittelbar angrenzenden Mietshauses herab, kletterten von dort auf den Dachboden und entkamen über das Treppenhaus.

Die Flucht war geglückt, doch was nun? Honecker und Hanke waren in ihrer schwarzgelb gestreiften Kleidung leicht als entflohene Häftlinge zu erkennen. Sie brauchten so schnell wie möglich etwas anderes zum Anziehen und eine sichere Unterkunft. Mehrere Tage irrten sie durch Berlin – ohne Erfolg. Die Bekannten, deren Adressen sie hatten, waren entweder nicht zu Hause, oder das Haus, in dem sie gewohnt hatten, stand einfach nicht mehr. Die beiden beschlossen, sich zu trennen – und einzeln hatten sie mehr Glück. Honecker kam in der Landsberger Straße bei «Oma Grund», der Mutter von Lotte Grund, unter. Doch auch hier konnte er nur kurze Zeit bleiben. Am 18. März wurde bei einem weiteren Bombenangriff der vordere Teil des Mietshauses völlig zerstört.

Nun geschah etwas wirklich Seltsames – etwas, was sich jeder inneren Logik entzieht und wohl niemals aufgeklärt werden kann. Um Lotte Grund und ihre Mutter nicht länger zu gefährden, entschloss sich Honecker, zu seinem Arbeitskommando im Gefängnis zurückzukehren. Das war ein beträchtliches Risiko, denn seine Flucht war natürlich nicht unbemerkt geblieben: Am 14. März hatte der Leiter des Zuchthauses die Staatsanwaltschaft über Honeckers Entweichen informiert.

Doch erstaunlicherweise geschah ihm nichts. Honecker führte dies später darauf zurück, dass «der faschistische Fahndungsapparat in den letzten Wochen des Krieges faktisch völlig zusammengebrochen» sei; möglich ist auch, dass sich der Führer seines Arbeitskommandos, ein dienstverpflichteter ehemaliger Sozialdemokrat, bei der Anstaltsleitung für ihn einsetzte. Aber das sind Spekulationen, die nicht belegbar sind. In ganz anderer Weise hatte Honeckers Flucht jedoch ein Nachspiel. Einige seiner kommunistischen Mithäftlinge, die über die Flucht erbost waren, weil er damit die Sicherheit der anderen Gefangenen angeblich gefährdet hätte, beantragten nach der Befreiung eine Parteistrafe. Das daraufhin eingeleitete Verfahren ging für Honecker jedoch glimpflich aus, da seine Flucht nachweislich keinerlei Repressalien für die anderen Insassen zur Folge gehabt hatte.[22]

Nur noch wenige Wochen musste Honecker nach seiner Rückkehr im Frauengefängnis Barnimstraße ausharren. Am 21. April – kurz bevor es der Roten Armee gelang, die Reichshauptstadt wie mit einem Zangengriff zu umschließen – wurde er aus Berlin nach Brandenburg zurückverlegt. Für wenige Tage wurde er noch einmal in Einzelhaft genommen – wahrscheinlich eine Reaktion auf seine vorhergehende Flucht. Doch dann kam der lang ersehnte Tag der Befreiung. Am 27. April flohen die Anstaltsleitung und die meisten Bewacher vor der anrückenden Roten Armee. Während sich viele der Kommunisten in der Tischlerei des Zuchthauses trafen, um sofort eine Parteigruppe ins Leben zu rufen, setzte Honecker sich ab. Er wollte auf dem schnellsten Weg nach Berlin.

[22] Heinz Lippmann: Honecker, Köln 1971, S. 43.

Ulbrichts Schüler

Am 2. Mai stellte die Reichshauptstadt Berlin den Widerstand gegen die Rote Armee ein. Auf dem ausgebrannten Reichstag hissten Rotarmisten als Symbol ihres Sieges die Rote Fahne. Sechs Tage später, am 8. Mai 1945, war die deutsche Niederlage vollständig. Ganz Deutschland wurde von den Alliierten besetzt.

Der Einschnitt, der sich mit der berühmten «Stunde null» verband, war für Honecker so gewaltig, dass es an dieser Stelle nötig ist, einen Moment innezuhalten und den immer noch jungen Mann – er war jetzt 33 Jahre alt – etwas näher zu betrachten. Er hatte gerade 10 Jahre Gefängnis und Zuchthaus hinter sich gebracht, davor lagen 2 Jahre illegaler Tätigkeit für den Kommunistischen Jugendverband, danach kam die abenteuerliche Flucht. Zum ersten Mal seit sehr langer Zeit brauchte er keine Angst mehr zu haben. Die sowjetischen Soldaten, die den Osten Deutschlands besetzten, waren seine Befreier, mehr noch: Er empfand sie als seine Freunde. In

Berlin 1945

diesem Jahr 1945 war Honecker auf der Seite der Sieger der Geschichte.

Wie groß dieser Einschnitt in Honeckers Leben war, wird freilich erst im Rückblick deutlich – mit dem Wissen um die Karriere, die, wenn sie nicht schon in Moskau 1930/31 begann, in diesem Schicksalsjahr 1945 ihren Anfang nahm. Vor diesem Hintergrund erscheint sein bisheriger Lebensweg als bloße Vorgeschichte. Honecker selbst hat später über die Zeit seiner Haft gesprochen wie über eine schwere Prüfung, in der seine Standhaftigkeit, sich auch unter größtem äußerem Druck nicht von seinen Überzeugungen abbringen zu lassen, auf die Probe gestellt wurde. Er hatte sie zweifellos bestanden, und so brachte er für einen Aufstieg im östlichen, kommunistisch beherrschten Teil Deutschlands eine wichtige Voraussetzung mit: einen antifaschistischen Lebenslauf.

In die DDR-Geschichtsschreibung sind die Jahre von 1945 bis 1949 als Periode der «antifaschistisch-demokratischen Umwälzung» eingegangen. Getragen von einem breiten Konsens aller antifaschistischen Kräfte in der Bevölkerung, sei es gelungen, tief greifende gesellschaftliche Veränderungen herbeizuführen und so die Voraussetzungen für die 1949 erfolgte Gründung der DDR, des «ersten Arbeiter-und-Bauern-Staates auf deutschem Boden», zu schaffen. Diese Interpretation ist allerdings eine völlige Verkehrung der Tatsachen. Keine der großen gesellschaftlichen Veränderungen, weder die Bodenreform 1945 noch die «Enteignung der Kriegsverbrecher» 1946, sind von der Bevölkerung ausgegangen. Sie alle sind von der sowjetischen Besatzungsmacht oder vom sowjetischen Diktator Josef Stalin selbst verfügt worden –

freilich ohne dass dies nach außen deutlich werden sollte. Unter der Parole «Es muss demokratisch aussehen, aber wir müssen alles in der Hand haben», ist dieses Vorgehen berühmt geworden.[1] Ausgesprochen hatte diesen Satz allerdings nicht Stalin selbst, sondern Walter Ulbricht, der Mann also, den der sowjetische Diktator als Vollstrecker seiner Befehle nach Deutschland schickte. In den Kriegsjahren war Walter Ulbricht neben Wilhelm Pieck die beherrschende Figur der in Moskau beheimateten Exil-KPD gewesen.

Walter Ulbricht

Bereits in der Weimarer Republik hatte er dem Zentralkomitee angehört und als einer von wenigen kommunistischen Spitzenfunktionären die stalinistischen Säuberungen heil überstanden. Im April 1945, noch vor dem Ende der Kampfhandlungen, war Ulbricht auf Stalins Weisung mit einigen Mitarbeitern aus der Exil-KPD nach Berlin gebracht worden, um der Roten Armee beim Aufbau einer deutschen Verwaltung zu helfen. In der ersten Zeit residierte er in einem Mietshaus in der Prinzenstraße 80 in Berlin-Friedrichsfelde. Jeden Nachmittag versammelte er seine Mitarbeiter in einer Gaststätte, um sie über die neuesten Entwicklungen zu informieren, um Direktiven auszugeben und Berichte entgegenzunehmen. Immer mehr kommunistische Funktionäre, die in der Nazizeit im Zuchthaus gesessen oder in der Illegalität gearbeitet hatten, stießen zu diesen Treffen hinzu und wurden mit Aufgaben betraut.

Als Erich Honecker nach seiner Freilassung aus

[1] Zit. n. Wolfgang Leonhard: Die Revolution entläßt ihre Kinder, Frankfurt am Main und Berlin 1961, S. 294.

dem Zuchthaus am 4. Mai Berlin erreichte, wusste er noch nichts von der Tätigkeit der «Gruppe Ulbricht». Sein erster Weg führte ihn wieder zu Lotte Grund und ihrer Mutter. Hier verbrachte er die nächsten Tage damit, Fenster und Dächer notdürftig zu reparieren. Einem Gerücht zufolge, das Honeckers damalige Nachbarin Wera Küchenmeister bei einer Vernehmung durch die Staatsanwaltschaft der DDR 1990 in die Welt setzte, soll Honecker Lotte Grund «aus Dankbarkeit» sogar geheiratet haben und bis zu ihrem Tod 1947 mit ihr zusammengeblieben sein.[2] Aber wie so viele Angaben über Honecker aus dieser Zeit, kann auch diese Behauptung nicht verifiziert werden. Ob mit oder ohne Trauschein, die ganze Liaison hat Honecker später versucht zu verheimlichen – möglicherweise weil ein Liebesverhältnis mit einer ehemaligen Gefängnisaufseherin, die zudem noch Zeugin Jehovas gewesen sein soll, nicht in das Bild eines tadellosen Kommunisten passte.

Als Honecker am 10. Mai schließlich Anschluss an die Gruppe Ulbricht fand, hatte ihm der Zufall geholfen. Wahrscheinlich war es Hans Mahle, einer derjenigen, die mit Ulbricht im April aus Moskau nach Deutschland aufgebrochen waren, der den noch immer Sträflingskleidung tragenden Honecker am Straßenrand stehen sah. Mahle kannte Honecker noch aus dem KJVD, und er nahm ihn mit, um ihn Walter Ulbricht vorzustellen. Es wurde eine unspektakuläre Begegnung, aber sie war entscheidend für Honeckers ganzes weiteres Leben: Was für Absichten er jetzt habe, fragte Ulbricht, und Honecker antwortete: «Weißt du, ich möchte jetzt vor allen Dingen zurück nach Hause fahren, ins Saargebiet, um meine Eltern

[2] Peter Przybylski: Tatort Politbüro, Reinbek 1992, S. 65.

zu sehen und mich dann in die Arbeit der Partei an der Saar einzureihen.» Doch Ulbricht hatte eine bessere Idee: «Bleib mal lieber hier, das Saargebiet bekommen sowieso die Franzosen. Hier kannst du jetzt nützlicher sein, du kannst beim Zentralkomitee der Partei eine gute Arbeit machen. Bist du einverstanden?»[3] Honecker war einverstanden, und so wurde er in den Kreis um Ulbricht aufgenommen.

Schnell erkannte er die Macht, die in Ulbricht personifiziert war. Schon dessen Arbeitspensum war enorm; oft arbeitete er 14, manchmal 16 Stunden am Tag ohne Ermüdungserscheinungen. Er interessierte sich für jedes Detail, las jeden Bericht ganz genau. Ulbricht war kein Theoretiker, er interessierte sich gar nicht so sehr für ideologische Fragen. Er beschäftigte sich lieber mit den praktischen und organisatorischen Aufgaben, für die sich die Ideologen und Intellektuellen in der Partei zu schade waren. In kürzester Zeit konnte er sich somit auch auf einen neuen ideologischen Kurs einstellen. Das war seine Stärke, das Geheimnis seines Erfolges. Und er verfügte über exzellente Kontakte zur sowjetischen Besatzungsmacht. Alles, was er tat, war mit den sowjetischen Genossen abgestimmt. Dabei war er nicht einmal besonders beliebt bei den Vertretern der Sowjetischen Militäradministration (SMAD), denn er stritt viel und kämpfte vehement für seine Interessen. Aber er wurde respektiert, denn wenn ein Beschluss einmal gefasst worden war, wurde er von Ulbricht genauestens befolgt, auch wenn er vorher eine andere Meinung vertreten hatte.[4]

Für die nächsten rund 15 Jahre wurde Erich Honecker sein Schüler, und in dieser Zeit verschmilzt seine Biographie mit der von Ulbricht. Von Ulbricht

[3] Reinhold Andert / Günter Herzberg: Der Sturz, Berlin und Weimar 1990, S. 200.
[4] Vgl. Wolfgang Leonhard: Die Revolution entläßt ihre Kinder, Frankfurt am Main und Berlin 1961, S. 276.

lernte Honecker die Techniken der Machtausübung, bis er sie ebenso virtuos beherrschte. Honecker wurde von ihm in die Geheimnisse der Kaderarbeit eingeführt und lernte, dass es besser sei eine Rede nicht frei zu halten, da man dabei zu leicht und unbedacht politische Fehler machen könnte.

Aber es war noch mehr, was die beiden miteinander verband, als ein einfaches Lehrer-Schüler-Verhältnis. Zwischen ihnen bestand eine Art geistiger Verwandtschaft, die beide sehr bald bemerkten und die sich ausdrückte in einem sehr einfachen, vielleicht primitiven Politikverständnis sowie der gemeinsamen Abneigung gegen jede Form von theoretischen und intellektuellen «Spinnereien». Es war dasselbe Minderwertigkeitsgefühl, das den gelernten Tischler Ulbricht und den Dachdecker Honecker in Gegenwart von Intellektuellen und von Künstlern beschlich. Sie fühlten sich der geistigen Auseinandersetzung nicht gewachsen. Beide, Ulbricht und Honecker, waren so geradlinig und kompromisslos, dass ihnen die Vielschichtigkeit und Widersprüchlichkeit einer künstlerischen Persönlichkeit verschlossen bleiben musste.

Kurz nachdem Erich Honecker zur Gruppe Ulbricht gestoßen war, erhielt er bereits eine Aufgabe. Er wurde Beauftragter für Jugendfragen. Der jugendpolitische Kurs in der sowjetischen Besatzungszone entsprach in der unmittelbaren Nachkriegszeit einer Konzeption, die die KPD-Führung bereits im sowjetischen Exil entwickelt hatte. Am Anfang dieser Konzeption stand die Einsicht, dass es der «faschistischen Bewegung» sehr viel besser gelungen sei, die Jugend in ihren Bann zu ziehen, als dem KJVD. Um nicht wieder Gefahr laufen zu müssen, eine kleine sektiererische Organisation –

und nichts anderes war der KJVD in der Weimarer Republik – künstlich am Leben zu erhalten, und wohl auch um jeder Konkurrenzsituation in Zukunft zu entgehen, wurde die Gründung einer kommunistischen Parteijugend gar nicht erst in Erwägung gezogen.[5] Von Walter Ulbricht entsprechend instruiert, hat Erich Honecker die politische Linie im Gespräch mit einem engen Mitarbeiter folgendermaßen zusammengefasst: «Natürlich wäre mir eine sozialistische Jugendorganisation auch lieber, aber das entspricht nicht den gegenwärtigen Erfordernissen. Wir sind Kommunisten und müssen leider unsere Wünsche den Erfordernissen der politischen Situation anpassen. Eine Arbeiterjugendorganisation würde bedeuten, dass wir noch mehr Jugendorganisationen zulassen müssen. Jede bürgerliche Partei würde ihre Jugendorganisation fordern, und die Kirchen natürlich auch. Eine solche Zersplitterung können wir uns nicht leisten. Wir müssen an die ganze Jugend heran und denken gar nicht daran, einen Teil der Jugend den bürgerlichen Kreisen zu überlassen.»[6]

Das Ziel war also eindeutig. Es ging darum, eine Jugendorganisation zu schaffen, die überparteilich und überkonfessionell auftreten sollte, die aber dennoch vollkommen von der KPD kontrolliert werden konnte. Auch wie diese Kontrolle gewährleistet werden sollte, hat Honecker im Gespräch damals preisgegeben. Es liest sich wie die Konkretisierung der Parole Ulbrichts, dass alles eben nur demokratisch aussehen müsse: «Wir werden den Funktionären der bürgerlichen und kirchlichen Jugendarbeit in den höheren Gremien so viele Sitze einräumen, dass sie uns nie vorwerfen können, wir benachteiligten sie. Meinetwegen sollen sie

[5] Ulrich Mählert / Gerd-Rüdiger Stephan: Blaue Hemden – Rote Fahnen, S. 17.
[6] Zit. n. Heinz Lippmann: Honecker, Köln 1971, S. 58.

bis hinunter zur Kreisleitung die Hälfte aller Vorstandssitze haben. Dort, in diesen Leitungen, sitzen unsere stärksten Genossen, die sich schon durchbeißen werden, und außerdem wird dort die praktische Jugendarbeit sowieso nicht gemacht. Wir müssen darauf achten, dass wir die Arbeiten unten, an der Basis, in unsere Hand bekommen. Wenn uns das gelingt, dann ist es unwichtig, wie viele Vertreter der bürgerlichen Parteien und der Kirchen in den höheren Leitungen sitzen.»[7]

Die Bildung der einheitlichen Jugendorganisation vollzog sich dann in mehreren Schritten. Zunächst gestattete die SMAD die Bildung antifaschistischer Jugendkomitees auf regionaler Ebene. Dann wurde in Berlin ein paritätisch besetzter Zentraler Antifaschistischer Jugendausschuss gebildet, dem neben Vertretern des Jugendfunks und der Jugendzeitschrift «Neues Leben» drei Vertreter der SPD und drei Vertreter der KPD angehörten, darunter Erich Honecker als Leiter des Gremiums. Nun ging es noch darum, die Kirchen mit einzubeziehen. Wie dies vor sich ging, schilderte der damals zwanzigjährige Manfred Klein. Klein kam aus der katholischen Jugendarbeit, er hatte wegen seines Engagements im Dritten Reich Schwierigkeiten mit der Gestapo gehabt und war gegen Ende des Krieges in sowjetische Kriegsgefangenschaft geraten. Dort war er zum Besuch einer so genannten Antifa-Schule ausgewählt worden, wo er binnen sechs Wochen in einem Schnellverfahren «umerzogen» und politisch geschult wurde. Nach Abschluss des Lehrganges besuchte eine Delegation der Kommunistischen Partei die Schule, um über den zukünftigen Einsatz der Absolventen zu entscheiden.

[7] Zit. n. Heinz Lippmann: Honecker, Köln 1971, S. 59.

Eines der Mitglieder dieser Delegation war Erich Honecker: «Man hatte bereits ein festes Konzept», erinnerte sich Manfred Klein. «Mir wurde verkündet, dass ich geeignet sei zum Aufbau des Jugendfunks in Berlin. Mit Heftigkeit widersprach ich diesem Auftrag, da ich keinerlei Erfahrung mit dem Rundfunk hätte. Sofort erfuhr ich eine wichtige Belehrung: Ein Genosse habe nicht nach Erfahrung zu fragen, sondern den Parteiauftrag anzunehmen! Vielleicht war es ein Zufall, vielleicht eine menschliche Regung, dass Honecker mich plötzlich fragte, wo ich denn Erfahrung zu haben glaubte. Wo kann ein Zwanzigjähriger, der seit seinem 17. Lebensjahr Soldat ist, Erfahrung haben? – ‹In der Jugendarbeit!›, schoss ich hervor. Da ging ein Leuchten über Honeckers Gesicht: ‹Du hast ja Recht, Genosse, darauf hätte ich ja auch selber kommen können. Natürlich, hier steht es ja, du kommst aus der katholischen Jugend! Genau so einen brauchen wir. Du wirst im Zentraljugendausschuss die katholische Jugend vertreten. Melde dich am 23. September bei mir in der Wallstraße.›»[8]

Manfred Klein war es dann, der den Kontakt zum katholischen Domvikar Robert Lange herstellte, der seinerseits den evangelischen Jugendpfarrer Oswald Hanisch zur Mitarbeit überreden konnte: Der Zentraljugendausschuss war komplett – und nun konnte es endlich an die Gründung der geplanten Jugendorganisation selbst gehen: Die letzte Entscheidung dazu fiel wahrscheinlich bei einem Besuch Ulbrichts Anfang 1946 bei Stalin persönlich. Honeckers Aufgabe war es, diesen Beschluss vom Zentralen Jugendausschuss bestätigen zu lassen, ohne dass die Vertreter der anderen Parteien und der Kirchen merkten, dass

[8] Manfred Klein: Jugend zwischen den Diktaturen, Mainz 1968, S. 11 f.

die Kommunisten ein falsches Spiel mit ihnen spielten. Er entledigte sich dieser Aufgabe durch ein geschicktes Überrumpelungsmanöver. Auf einer der regelmäßigen Sitzungen erklärte er den bis dahin ahnungslosen Mitgliedern, er halte die Zeit für gekommen, eine einheitliche Jugendorganisation zu gründen. Er schlage den Namen Freie Deutsche Jugend vor. «Dagegen kann doch niemand etwas haben. Frei wollen wir sein, deutsch und jung sind wir auch.»[9] Und gegen das Emblem der aufgehenden Sonne hätte wohl auch niemand etwas einzuwenden.

Doch der Widerstand der kirchlichen Vertreter war hartnäckiger als erwartet. Sie wandten sich zwar nicht grundsätzlich gegen die Bildung einer einheitlichen Jugendorganisation, aber sie wollten diese lediglich als Dachverband verstanden wissen, bei dem die Vielfalt aller Jugendverbände erhalten bliebe. Dies wiederum lehnte Honecker kategorisch ab – und nun sollte sich das unter den kommunistischen Mitgliedern des Jugendausschusses eingeübte Rollenspiel bewähren. Paul Verner oder Heinz Keßler, die anderen Abgesandten der KPD, formulierten den Vorschlag Honeckers schärfer. Edith Baumann, eine überzeugte Kommunistin und enge Mitarbeiterin Honeckers, die nur pro forma der SPD angehörte, schlug einen Kompromiss in der Debatte vor, den Keßler und Verner dann wieder als untragbar verwarfen. Durch dieses Spiel sollten die Nichtkommunisten den Eindruck gewinnen, die KP-Vertreter seien keine geschlossene Fraktion. Ihre Front sollte «aufgerissen» werden, wie Honecker sich ausdrückte.[10] Nachdem dies gelungen war, trat wieder Honecker auf und gab sich den Anschein, nach einer für alle akzeptablen Lösung zu su-

[9] Zit. n. Manfred Klein: Jugend zwischen den Diktaturen, Mainz 1968, S. 42.
[10] Heinz Lippmann: Honecker, Köln 1971, S. 67.

chen. Auch ihm seien dabei allerdings Grenzen gesetzt, führte er aus, schließlich würde die Sowjetische
Militäradministration das letzte Wort haben – und die
würde entweder eine einheitliche oder gar keine Jugendorganisation zulassen. Die Vertreter der bürgerlichen Parteien und der Kirchen erreichten in dieser
Sitzung letztlich nur, dass die kirchliche Jugendarbeit
nicht innerhalb der FDJ und damit nicht unter deren
Kontrolle stattfinden müsste. So stimmten sie schließlich der Gründung der FDJ zu, in der Hoffnung, wenigstens Einfluss auf eine Entwicklung zu nehmen,
die sie nicht verhindern konnten.[11] Am 26. Februar
1946 beantragte der Zentrale Jugendausschuss daraufhin die Gründung der FDJ. Etwa 10 Tage später, am
7. März, erteilte die Sowjetische Militäradministration
offiziell ihre Zustimmung.

Es war zu diesem Zeitpunkt schon beinahe selbstverständlich, dass Erich Honecker der erste Vorsitzende der FDJ werden würde. Alle bisherigen Auf-

**Bei der Unter-
zeichnung des
Antrages auf
Zulassung der
FDJ**

[11] Manfred Klein:
Jugend zwischen
den Diktaturen,
Mainz 1968,
S. 42; Heinz
Lippmann:
Honecker, Köln
1971, S. 67; Pe-
ter Skyba: Vom
Hoffnungsträger
zum Sicherheits-
risiko, Köln 2000,
S. 32–35.

gaben hatte er bravourös gemeistert. Er galt als energisch, als organisatorisch und rhetorisch gleichermaßen begabt, dabei wirkte er entspannt und selbstbewusst, und er war, was wichtiger war als alles andere, der Partei vollkommen ergeben. Am 10. Juni 1946 wurde er in Brandenburg zum ersten Vorsitzenden der FDJ gewählt.

Die folgenden Jahre wurden für die FDJ eine Zeit großer Erfolge. Die Jugendorganisation wurde zum Hoffnungsträger der zukünftigen Staatspartei SED, die im April 1946 durch den Zusammenschluss von SPD und KPD entstand. Bereits Ende 1946 hatte die FDJ über 400 000 Mitglieder. Ganz bewusst hatte die FDJ-Führung darauf verzichtet, ehemaligen Mitgliedern der Hitler-Jugend den Weg in Führungspositionen der neuen Jugendorganisation zu versperren, und auch in ihrem Erscheinen und Auftreten knüpfte die FDJ an die Aktivitäten der Hitler-Jugend an. Ganz allmählich wurden die bürgerlichen und kirchlichen Vertreter an den Rand gedrängt. Diejenigen, die diesem Prozess zu viel Widerstand entgegensetzten, wie zum Beispiel Manfred Klein, wurden verhaftet und in den Gremien durch willfährigere Personen ersetzt. Von Jahr zu Jahr glichen die Parlamente der FDJ, wie die jährlich abgehaltenen Delegiertenversammlungen hießen, immer mehr inszenierten Aufmärschen, bei denen nichts dem Zufall überlassen wurde. Beinahe alle Rede- und Diskussionsbeiträge wurden vorher aufeinander abgestimmt; lange im Voraus wurde festgelegt, an welchen Stellen applaudiert oder rhythmisch geklatscht werden sollte, und auch der Stalin-Kult nahm groteske Ausmaße an. Mit dem III. Parlament der FDJ, das vom 1. bis 5. Juni 1949 in Leip-

Demonstrationszug der FDJ beim Deutschlandtreffen der Jugend, Mai 1950

zig tagte, war der Transformationsprozess zu einer mit der SED assoziierten Massenorganisation dann abgeschlossen. Als wenige Monate später die DDR gegründet wurde, war es die FDJ, die die Geburtsstunde mit einem Fackelzug feierte.[12]

Durch die Erfolge der FDJ war das Prestige ihres Vorsitzenden Erich Honecker in diesen Jahren beständig gewachsen. Honecker hatte dafür hart gearbeitet – und doch hatte die Politik ihn noch nicht gänzlich in Beschlag genommen. Im Gegenteil, Honecker galt in dieser Zeit als Lebemann, fast so, als habe er nach den langen Jahren der Haft etwas nachzuholen. «Er spielte gern Skat, hatte gern die Mädchen und trank auch mal ganz gern», erinnerte sich ein Mitarbeiter Honeckers.[13] Freunde im eigentlichen Sinne des Wortes hatte Honecker nicht, seine «Freunde» waren die Abteilungsleiter im Zentralrat der FDJ. Gerüchten zufolge soll einer dieser Freunde, Wolfgang Steinke, für Honecker regelmäßig die Alimente an

[12] Ulrich Mählert / Gerd-Rüdiger Stephan: Blaue Hemden – Rote Fahnen, Opladen 1996, S. 73–78.
[13] Zeitzeugenaussage von Wolfgang Seifert, in: Fernsehdokumentation «Die Sekretäre» von Christian Klemke und Jan N. Lorenzen, Mitteldeutscher Rundfunk, 7. Oktober 1999.

«verschiedene Stellen» in der DDR bezahlt haben.[14] Überprüfbar ist dies heute nicht mehr, aber dass einigen Mitgliedern der Parteiführung Honeckers lockerer Lebenswandel offenbar unangenehm war, ist verbürgt. Als Erich Honecker im Dezember 1949 seine Mitarbeiterin Edith Baumann heiratete, nachdem er zwei Jahre lang ohne Trauschein mit ihr zusammengelebt hatte, geschah das auf Druck einiger Mitglieder der Parteiführung. Edith Baumann war drei Jahre älter als Honecker, sehr resolut und nicht gerade das, was man eine Schönheit nennt. Es war wohl der Versuch, Ordnung in Honeckers private Verhältnisse zu bringen, denn er war bereits für höhere Aufgaben vorgesehen: Auf dem III. Parteitag der SED im Juli 1950 wurde er, zusätzlich zu seinem Amt an der Spitze der FDJ, als Kandidat ins Politbüro der SED gewählt. Das Politbüro war damals die eigentliche Regierung der DDR. Die Parteivorsitzenden waren der aus der KPD kommende Wilhelm Pieck und der aus der SPD kommende Otto Grotewohl. Doch der starke Mann hinter den Kulissen war weiterhin Walter Ulbricht. Mit dem Aufstieg in dieses Gremium war Honecker innerhalb weniger Jahre zu einem der mächtigsten Männer der DDR geworden. Bis hierhin konnte er eine Bilderbuchkarriere vorweisen. 1950 galt er nicht nur bei Ulbricht, sondern auch bei Wilhelm Pieck und Otto Grotewohl als hoffnungsvoller, junger Kader. Und doch hätte nicht viel gefehlt, und er wäre 1952 oder 1953 politisch ruiniert gewesen. Nur Ulbricht war es zu verdanken, dass die Entwicklungen, die einen jähen Absturz hätten nach sich ziehen können, nur einen kleinen Knick in Honeckers Karriere hinterließen. Was war geschehen?

[14] Zeitzeugenaussage von Wolfgang Seiffert, in: Fernsehdokumentation «Die Sekretäre» von Christian Klemke und Jan N. Lorenzen, Mitteldeutscher Rundfunk, 7. Oktober 1999.

Zum einen stieß die FDJ in diesen Jahren an die Grenzen ihrer Leistungsfähigkeit. Nach den Erfolgen der ersten Jahre wurde die Jugendorganisation wohl auch überschätzt. Allzu oft hatte die SED die FDJ als Kaderreserve missbraucht und zahlreiche viel versprechende Mitarbeiter auf Kosten der Jugendorganisation für den Parteiapparat oder den neu gegründeten Staatssicherheitsdienst abgeworben. Einige Male hat sich Honecker gegen diese Praxis gewehrt – wirklich geholfen hat es ihm nicht, denn schließlich war es eine der Hauptaufgaben der FDJ, die Jugend «kadermäßig» auszubilden und an die Partei heranzuführen.

Zum anderen formierte sich Anfang der fünfziger Jahre im Politbüro eine Opposition gegen Ulbricht. Die Wortführer dieser Opposition waren Rudolf Herrnstadt, der Chefredakteur des «Neuen Deutschland», ein Mann von großer rhetorischer Begabung und Intel-

Das Politbüro der SED 1950
Vordere Reihe v. l. n. r.:
Franz Dahlem, Walter Ulbricht, Wilhelm Pieck, Otto Grotewohl, Hans Jendretzky.
Hintere Reihe:
Rudolf Herrnstadt, Fred Oelßner, Hermann Matern, Wilhelm Zaisser, Heinrich Rau, Anton Ackermann, Erich Mückenberger, Erich Honecker

lektualität, und Wilhelm Zaisser, der Chef des Ministeriums für Staatssicherheit, ein Mann mit ausgeprägten organisatorischen und administrativen Fähigkeiten. Herrnstadt und Zaisser sprachen sich nicht nur für einen etwas moderateren politischen Kurs aus, sie störten sich auch an der selbstherrlichen und rücksichtslosen Art Walter Ulbrichts. Da viele Politbüromitglieder in den vergangenen Jahren unter diesem Führungsstil gelitten hatten, fanden Herrnstadt und Zaisser unter ihnen eine Reihe von Anhängern. Doch Ulbricht war mächtig; an ihn selbst trauten sie sich anfangs noch nicht heran, und so wurde Erich Honecker zunächst zur Zielscheibe der Kritik. «Die Opposition gegen Ulbricht begann, sich auf Honecker einzuschießen, um Ulbricht auf diese Weise am besten und risikolosesten zu treffen», erinnerte sich Honeckers Mitarbeiter Heinz Lippmann.[15] Mit ihrer Kritik an Honecker warteten sie oft sogar ab, bis Ulbricht im Urlaub oder anderweitig abwesend war, um zu verhindern, dass er sich schützend vor seinen Zögling stellen würde.

Es war mittlerweile nicht mehr zu übersehen, dass Honecker durch die Doppelbelastung als Mitglied des Politbüros und als FDJ-Vorsitzender schlicht überfordert war. Zwei bis drei Tage in der Woche war er mit den Angelegenheiten des Politbüros beschäftigt, das immer dienstags im Gebäude des Zentralkomitees tagte. Vor der Sitzung hatte er noch eine Reihe Unterlagen durchzuarbeiten, die ein Bote ihm regelmäßig brachte, und auch nach der Sitzung hatte er auf Weisung des Politbüros noch Aufträge auszuführen. Er konnte also nicht mehr seine ganze Arbeitskraft in den Dienst der FDJ stellen, sondern musste einen großen Teil der Aufgaben delegieren. Auch seine Reden

[15] Heinz Lippmann: Honecker, Köln 1971, S. 146.

schrieb er nicht mehr selbst, sondern ließ sie, nachdem er mündlich seine Gedanken entwickelt hatte, von seinem Referenten ausarbeiten. Die Folge dieser Arbeitsüberlastung war, dass Honecker die FDJ nur noch verwaltete. Der Schwung der ersten Jahre war nicht mehr vorhanden.[16]

Das Problem war allerdings nicht nur die Arbeitsüberlastung; der schnelle Aufstieg hatte Honecker zudem verunsichert. In den Jahren zuvor war er beinahe allen Mitarbeitern freundlich, souverän und relativ gelassen gegenübergetreten. Jetzt wirkte er auf einmal arrogant und in sich zurückgezogen. Sein Büro war so eingerichtet, als wollte er seine in der FDJ ohnehin unangefochtene Autorität noch zusätzlich unterstreichen, in dem weitläufigen Raum standen ein langer Sitzungstisch und ein breiter Schreibtisch. Hinter dem Schreibtisch hing ein großes Bild von Josef Stalin – beeindruckend, Achtung gebietend –, ein Statussymbol seiner Macht.[17] Honeckers Mitarbeiter empfanden sich zunehmend als reine Befehlsempfänger und klagten, dass er gar nicht mehr richtig zu ihnen gehören würde.

Im Politbüro dagegen war Honecker ein völlig anderer Mensch. Hier versuchte er seine Unsicherheit durch Späße und Albernheiten zu kaschieren. Erich Honecker habe die Politbürositzungen am häufigsten geschwänzt, meinte Fritz Schenk, damals Mitarbeiter der Staatlichen Plankommission. «Er kam heraus und unterhielt sich mit allen Möglichen und kam mir vor wie ein Bruder Lustig. Er war locker, er machte Witze, er war nicht so verkrampft wie viele andere und hat zu dieser Zeit nicht den Eindruck vermittelt, als fühle er sich als ein zukünftiger erster Mann. Er wurde also auch nicht sonderlich ernst genommen.»[18] Auch

[16] Heinz Lippmann: Honecker, Köln 1971, S. 126–128.
[17] Hans Modrow: Ich wollte ein neues Deutschland, Berlin 1998, S. 54.
[18] Zeitzeugenaussage von Fritz Schenk, in: Fernsehdokumentation «Die Sekretäre» von Christian Klemke und Jan N. Lorenzen, Mitteldeutscher Rundfunk, 7. Oktober 1999.

Margot Feist

mit den Attributen der Macht war Honecker noch nicht vertraut. Von dem Mitarbeiter des Ministeriums für Staatssicherheit, der ihm nach seiner Wahl ins Politbüro als Fahrer und Bodyguard zugeteilt worden war, fühlte er sich beobachtet. Zuerst versuchte er, ihm zu entkommen, indem er ihn pausenlos beurlaubte. Doch das war nicht erlaubt, und Erich Honecker wurde ermahnt. Dann versuchte er, seinen «Schatten» in die FDJ-Arbeit einzuspannen, aber auch das war nicht erlaubt, und Honecker wurde erneut zurechtgewiesen.[19] Wohl oder übel musste Honecker sich damit abfinden, dass auch sein Privatleben, das nach der Heirat mit Edith Baumann keineswegs ruhiger geworden war, nun vollends kontrolliert wurde. Als 1950 aus der Ehe mit Edith Baumann die gemeinsame Tochter Erika hervorging, hatte Honecker bereits eine Affäre mit der charmanten und attraktiven Margot Feist begonnen, die ebenfalls Mitarbeiterin in der FDJ und Vorsitzende der Pionierorganisation «Ernst Thälmann» war. Zwei Jahre später war Margot Feist schwanger, am 1. Dezember 1952 wurde Tochter Sonja geboren. Wieder musste der Parteivorstand eingeschaltet werden – diesmal um Honecker die Heirat mit Margot Feist zu ermöglichen, denn Edith Baumann wehrte sich erbost gegen eine Scheidung. Der Leiter des Büros von Walter Ulbricht, Otto Schön, sorgte dann aber dafür, dass Margot Honecker kurz nach der Hochzeit zu einem einjährigen Lehrgang in die Sowjetunion delegiert wurde und damit auch das

[19] Heinz Lippmann: Honecker, Köln 1971, S. 126.

gerade acht Monate alte Baby zurücklassen musste. Eine «schier unmenschliche» Entscheidung nannte Honecker dies noch 1990 in einem Interview. Während Margots Abwesenheit kümmerte sich seine Mutter um die kleine Sonja.[20]

Honeckers private Probleme mögen einigen in der Parteiführung ein willkommener Anlass für Kritik gewesen sein, aber über Margot hielt Wilhelm Pieck schützend seine Hände, und Erich hatte die Rückendeckung Walter Ulbrichts. Solange das so blieb, konnte ihnen nichts passieren. Schwerer wog daher, dass Erich Honecker nun in einem mit Naivität gepaarten Übereifer begann, auch politisch Fehler zu machen.

Ein erstes Beispiel dafür waren die Internationalen Weltfestspiele der Jugend in Berlin im August 1951. Der FDJ-Zentralrat hatte sich sehr darum bemüht, die Spiele austragen zu dürfen. Erich Honecker empfand es als eine persönliche Auszeichnung und eine Bestätigung seiner Arbeit, dass Berlin so kurz nach dem Kriege ausgewählt worden war. Es sollte eine Gelegenheit sein, die FDJ als schlagkräftigen Jugendverband zu präsentieren. Delegationen aus 104 Ländern waren bei den Spielen vertreten. Ein Stadion und eine Sporthalle wurden neu errichtet, um den rund 61 000 ausländischen Gästen ein buntes Programm mit einer Vielzahl von kulturellen und sportlichen Veranstaltungen bieten zu können. Die Eröffnungsfeier im neuen Stadion war eine gigantische Inszenierung, bei der großformatige Plakate von Josef Stalin und anderen KP-Führern durch die Arena getragen wurden. Doch hinter den Kulissen entfaltete sich ein großes organisatorisches Chaos. Der FDJ war es schwer gefal-

[20] Reinhold Andert / Günter Herzberg: Der Sturz, Berlin und Weimar 1990, S. 242–243.

len, ausreichend eigene Teilnehmer zu begeistern. Um die von der Parteiführung vorgegebene Zahl zu erreichen, mussten auch sechzigjährige «Jugendfreunde» im Blauhemd der FDJ nach Berlin reisen.[21] Dort wiederum reichten die Quartiere nicht, und in manchen Unterkünften gab es keine Verpflegung. Schwerer noch als die schlechte Organisation wog das Verhalten derjenigen FDJler, die die Gelegenheit zu einem Besuch in West-Berlin nutzten. Ein Schaufensterbummel auf dem Kurfürstendamm war einfach zu verlockend, und selbst eine Fahrt mit dem Doppelstockbus erschien vielen attraktiver als die offiziellen Veranstaltungen. Der West-Berliner Senat unter Bürgermeister Fritz Reuter hatte zudem frühzeitig erkannt, dass die Weltfestspiele eine günstige Gelegenheit waren, um die angereisten Jugendlichen von der Überlegenheit des Kapitalismus zu überzeugen. Der Bürgermeister lud zu Diskussionsveranstaltungen ein, und an vielen Stellen im Westteil der Stadt wurden die Teilnehmer der Weltfestspiele kostenlos verpflegt. Höhepunkt dessen, was viele SED- und FDJ-Funktionäre als gezielte Demütigung empfanden: An manchen Ständen wurde kostenlos eine Banane gereicht und dazu ein Erinnerungsfoto gemacht.[22]

In der Parteiführung wurde Honecker schon während der Festspiele scharf kritisiert. Er hätte damit rechnen müssen, hieß es, die FDJ sei ja gar nicht so zuverlässig, wie immer behauptet werde. Ohne Rücksicht auf die Gefahren habe Honecker die Spiele nur deshalb so großartig aufgezogen, um sich selbst in den Vordergrund zu stellen. Von der Kritik tief getroffen, entschloss sich Honecker zur Flucht nach vorn. Durch eine spektakuläre Aktion wollte er das Anse-

[21] Hans Modrow: Ich wollte ein neues Deutschland, Berlin 1998, S. 56.
[22] Hans Modrow: Ich wollte ein neues Deutschland, Berlin 1998, S. 56.

hen der FDJ und sein eigenes Image wiederherstellen. Als in der Nacht zum 15. August die Führung der Weltfestspiele tagte, um über die bestehenden Probleme zu diskutieren, präsentierte er seine Idee: «Der Reuter-Magistrat hat uns eingeladen. Wir werden kommen. Aber nicht, wie er sich das vorstellt, einzeln oder in Gruppen, sondern in geschlossenen Formationen, mit unseren blauen Hemden und unseren Fahnen werden wir in die Westsektoren marschieren. Dann werden wir sehen, was sie unternehmen ...»[23]

Am nächsten Tag zogen die Jugendlichen in Richtung West-Berlin los. 50 000 waren es insgesamt, aufgeteilt in verschiedene Marschblöcke. Es war ein Spiel mit dem Feuer in der Frontstadt Berlin. Robert Bialek, der als Leiter der sächsischen Delegation an den Weltfestspielen teilnahm, beschrieb die Aktion: «Nach stundenlangem Marsch sammelten wir uns am Treptower Park. Erich Honecker kam angesaust, rief nach mir und sagte: ‹Robert, du übernimmst ab sofort die zehntausend Mann und gehst an der linken Seite an der Spitze des Zuges. Es wird ernst, und es wird wahrscheinlich zu ernsten Zusammenstößen kommen. Einige Züge sind schon einmarschiert, und ihr folgt gleich. Nehmt die Mädel gut in die Mitte und schützt sie. Ich vertraue darauf, dass du alle Leute wieder zurückbringst.› Ehe ich noch etwas erwidern konnte, war Honecker schon wieder verschwunden.»

Währenddessen hatte sich die West-Berliner Polizei formiert und trieb die Demonstrationszüge mit Gummiknüppeln und Wasserwerfern in den Ostteil der Stadt zurück. Ehe Robert Bialek mit seinem Zug die Sektorengrenze erreichte, kamen ihm schon FDJler mit zerrissenen Hemden entgegengelaufen. Einer von

[23] Zit. n. Heinz Lippmann: Honecker, Köln 1971, S. 132.

ihnen rief: «Robert, geh ja nicht dorthin, die schlagen euch alle kaputt. Wir waren schon drinnen, uns haben sie rausgeprügelt. Wir haben viele Verletzte.» Bialek ließ erst einmal halten, um die Situation abzuschätzen und in Ruhe zu überlegen, was er machen sollte, da kam wieder Honecker angefahren. Auch er war mittlerweile zu der Einsicht gelangt, dass es zu gefährlich sein würde, weiter zu marschieren. Kurzerhand blies er die Aktion ab, alle sollten zurück in ihre Lager gehen.[24]

Trotz des Misserfolges wurde die «Friedensdemonstration vom 15. August» für eine ausgedehnte Propagandakampagne genutzt. Die Teilnehmer des Marsches wurden als «Helden» gefeiert, die wichtigsten von ihnen ein Jahr später sogar mit der eigens geschaffenen «Thälmann-Medaille» ausgezeichnet.[25] Honecker selbst sagte zu Robert Bialek: «Vergiss nicht den politischen Propagandawert dieser Aktion. Im Übrigen haben wir bloß nebenbei festgestellt, dass wir mit Hunderttausenden FDJlern in der Lage wären, West-Berlin innerhalb von zwei Stunden zu besetzen, wenn wir das gut organisieren und wenn wir das wollen.»[26] Doch das war nicht nur eine völlige Fehleinschätzung der Kräfteverhältnisse, sondern die ganze Aktion war leichtsinnig und eigentlich unverantwortlich gewesen. Und genau diese Vorwürfe musste Honecker sich jetzt im Politbüro anhören. Der Marsch nach West-Berlin hatte sein angeschlagenes Image aufpolieren sollen, doch das Gegenteil war eingetreten. Als er von der ersten Sitzung des Politbüros nach den Weltjugendfestspielen zurückkam, soll er wütend und niedergeschlagen gewesen sein. Er war nur deswegen noch einmal mit einem blauen Auge davonge-

[24] Zit. n. Heinz Lippmann: Honecker, Köln 1971, S. 133 f.
[25] Michael Herms: Heinz Lippmann, Berlin 1996, S. 110.
[26] Zit. n. Heinz Lippmann: Honecker, Köln 1971, S. 134.

kommen, weil Hans Jendretzky, der Berliner SED-Chef, den Fehler gemacht hatte, nicht nur die Arbeit der FDJ, sondern auch Honeckers und Ulbrichts gemeinsame Alleingänge zu kritisieren. «Das war unser Glück, denn damit war ich aus dem Schneider», meinte Erich Honecker zu einem engen Mitarbeiter: «Walter fühlte sich persönlich angegriffen und fiel über Jendretzky her, dass der ganz klein wurde.» [27]

Die Weltfestspiele der Jugend waren der erste Kratzer in Honeckers bis dahin makelloser Bilanz als Vorsitzender der FDJ. Und kaum hatte er die Kritik im Politbüro überstanden, da folgte schon der nächste Misserfolg. Grund war diesmal nicht nur ein Versagen Honeckers, sondern vielmehr eine allgemeine Überforderung der FDJ, die sich aus der Neuausrichtung der gesamten Politik ergab, die im Jahre 1952 eingeleitet wurde.

Im Juli 1952 hatte Walter Ulbricht auf der 2. Parteikonferenz in der Berliner Werner-Seelenbinder-Halle verkündet, dass in der DDR mit dem «Aufbau der Grundlagen des Sozialismus» begonnen werde. De facto bedeutete das eine deutliche Verschärfung des politischen Kurses. Auf Kosten der Konsumgüterindustrie wurde der Ausbau der Schwerindustrie forciert, d. h., nach dem Vorbild der sowjetischen Kolchosen wurden die ersten Landwirtschaftlichen Produktionsgenossenschaften gebildet, und es begann die offene und massive Aufrüstung der DDR. Bei der FDJ hatte sich die Kursänderung schon einige Monate früher angekündigt. Die Jugendorganisation spielte gewissermaßen eine Vorreiterrolle. «(Die) Pazifistische Periode ist vorbei», hatten Wilhelm Pieck, Otto Grotewohl und Walter Ulbricht bei einem Besuch im Kreml

[27] Zit. n. Heinz Lippmann: Honecker, Köln 1971, S. 136.

am 1. April 1952 von Stalin erfahren: Die FDJ müsse schießen lernen.[28]

Damit war der Startschuss gefallen für eine umfangreiche Militarisierung der gesamten DDR, bei der die FDJ eine wegbereitende Funktion übernehmen sollte. Jeder FDJler habe die patriotische Pflicht, sich «Fachkenntnisse auf dem Gebiet des Schießens, des Segelfluges, des Nachrichtenwesens, des Fallschirmsprungs sowie der Geländekunde und des Geländewesens anzueignen, um seine Bereitschaft zur Verteidigung des Friedens zu erhöhen», hieß es nun.[29] Zugleich wurde Erich Honecker vom Politbüro mit der Gründung eines paramilitärischen Arbeitsdienstes beauftragt. Vorbild war dabei offenbar der nationalsozialistische Reichsarbeitsdienst.[30] Der «Dienst für Deutschland», wie der Arbeitsdienst später genannt wurde, sollte zwar nicht der FDJ direkt unterstellt werden, sondern dem Ministerium des Inneren, aber die Jugendorganisation war für einen Großteil der Planung verantwortlich. Fast 100 000 Jugendliche sollten durch ein «jugendgerechtes Lagerleben» angelockt werden und dann sowohl eine militärische Grundausbildung erhalten als auch beim Aufbau von Kasernen für die neu gegründete Kasernierte Volkspolizei mithelfen. Bei halbjähriger Dienstzeit und kontinuierlicher Durchführung wäre beinahe jeder Jugendliche der DDR zum Arbeitsdienst herangezogen worden.[31] Doch der Dienst für Deutschland entwickelte sich zu einem organisatorischen Fiasko. Die angeworbenen Jugendlichen fanden planlos ausgewählte Lagerplätze in unerschlossenen Waldstücken vor. Oft waren in den bereitgestellten Zelten nicht einmal genügend Schlafplätze vorhanden. Nicht immer

[28] Zit. n. Rolf Badstübner / Wilfried Loth: Wilhelm Pieck – Aufzeichnungen zur Deutschlandpolitik 1945–1953, Berlin 1994, S. 395–396.
[29] Zit. n. Protokoll des IV. Parlaments der FDJ, Berlin (Ost) 1952, S. 438 f.
[30] Torsten Dietrich: Der «Dienst für Deutschland», in: Im Dienste der Partei. Handbuch der bewaffneten Organe der DDR, hg. von Torsten Dietrich u. a., Berlin 1998, S. 153–168 (153).

klappte die Essensversorgung reibungslos. An sanitäre Anlagen und medizinische Betreuung war teilweise gar nicht gedacht worden. Bereits nach wenigen Wochen wiesen einige Lager einen Krankenstand von 40 Prozent auf. Neben Magen- und Darminfektionen hatten sich vor allem Geschlechtskrankheiten dramatisch ausgebreitet, da die Lager nicht nach Jungen und Mädchen getrennt wurden. Als sich die Beschwerden über die Zustände häuften, wurde eine Delegation des Politbüros zur Inspektion der Lager entsandt. Das Ergebnis war ein Bericht der Zentralen Parteikontrollkommission, in dem vorgeschlagen wurde, die Verantwortlichen zur Rechenschaft zu ziehen. Nur darüber, wer verantwortlich war, schwieg der Bericht. Es konnten aber neben dem Leiter der Organisation Dienst für Deutschland eigentlich nur Walter Ulbricht und Erich Honecker gemeint sein, die zusammen die Gründung vorbereitet hatten, in der entscheidenden Gründungsphase dann aber beide im Urlaub waren.[32] Als Honecker, der kurze Zeit vor Ulbricht aus dem Urlaub zurückkam, von Hermann Matern, dem Vorsitzenden der Zentralen Parteikontrollkommission, über den Stand der Ermittlungen informiert wurde, schob er die Verantwortung weit von sich. Schließlich sei nicht die FDJ für Unterbringung und Verpflegung zuständig gewesen, sondern die Volkspolizei. Zu Heinz Lippmann, seinem Stellvertreter in der FDJ, der schwere Wochen hinter sich hatte, sagte er nur: «Wenn Walter kommt, wird es schon in Ordnung gebracht.»[33] Und genau so kam es auch. Walter Ulbricht las den Bericht der Zentralen Parteikontrollkommission und warf ihn in den Papierkorb. Nach einigen Reorganisierungsversuchen, die scheiterten,

[31] Torsten Dietrich: Der «Dienst für Deutschland», in: Im Dienste der Partei. Handbuch der bewaffneten Organe der DDR, hg. von Torsten Dietrich u. a., Berlin 1998, S. 153–168 (153–155).

[32] Heinz Lippmann: Honecker, Köln 1971, S. 150–151.

[33] Zit. n. Heinz Lippmann: Honecker, Köln 1971, S. 151.

wurde der Dienst für Deutschland Anfang 1953 aufgelöst.

Auch wenn Honecker noch einmal glimpflich davongekommen war, hatte sein Image doch erneut gelitten. Selbst zu diesem Zeitpunkt glaubte er weiterhin, durch seine Bindung an Walter Ulbricht unantastbar zu sein – aber dann stand Ulbricht auf einmal selbst kurz vor der Absetzung. Denn am 5. März 1953 starb Stalin, und sofort veränderten sich die Machtverhältnisse in der Sowjetunion. Honecker war irritiert und verunsichert; am Tage vor Stalins Tod informierte er unter Tränen seine Mitarbeiter von dessen schwerer Erkrankung, die gerade gemeldet worden war. Er wirkte, so beschrieb es einer seiner engsten Mitarbeiter, als fürchte er, dass alles, was in der DDR in den letzten Jahren aufgebaut worden war, nun zusammenstürzen würde.[34]

Tatsächlich waren die mit dem Tod von Stalin verbundenen politischen Konsequenzen schwer abzuschätzen, denn für Ulbricht war der sowjetische Diktator die wichtigste Stütze gewesen. In den ersten Monaten nach Stalins Tod wurde die sowjetische Politik von einer Troika aus Ministerpräsident Georgij Malenkow, Innenminister Lawrentij Berija und Nijkita Chruschtschow bestimmt – eine Zweckgemeinschaft von unbestimmter Haltbarkeit. Wer langfristig aus den nach Stalins Tod sofort ausbrechenden Diadochenkämpfen als Sieger hervorgehen würde, war dabei keineswegs klar. Von Anfang an machte die Troika aber deutlich, dass sie sowohl innen- als auch außenpolitisch einen etwas flexibleren Kurs verfolgen wollte.

Für die DDR bedeutete dies eine Abkehr vom ge-

[34] Heinz Lippmann: Honecker, Köln 1971, S. 155.

rade erst verkündeten «Aufbau des Sozialismus». In den ersten Monaten des Jahres 1953 häuften sich die Berichte aus der DDR über die schlechte Stimmung in der Bevölkerung und die bestehenden Versorgungsprobleme, die nun sogar bei Grundnahrungsmitteln auftraten. Auch die Flüchtlingszahlen stiegen im Frühjahr 1953 aufgrund des verschärften politischen Kurses dramatisch an. Als sich die Krise immer weiter zuspitzte, riss die neue Führung in Moskau das Ruder herum. Anfang Juni 1953 wurden Ulbricht und Grotewohl nach Moskau zitiert. In zwei Sitzungen mit dem Präsidium des ZK der KPdSU wurde die Situation in der DDR grundlegend analysiert; viele Maßnahmen im Zusammenhang mit dem «Aufbau des Sozialismus» seien falsch gewesen, hieß es nun. Besonders Lawrentij Berija, der als Innenminister und Chef des mächtigen Geheimdienstes KGB über die Stimmung in der DDR bestens informiert war, machte Ulbricht für die Situation verantwortlich und forderte eine Kursänderung. Doch Ulbricht wehrte sich. Vor allem sein Name war mit dem «Aufbau des Sozialismus» verbunden, und nun sollte er nicht nur einen neuen Kurs verkünden, der einen großen Teil der eingeleiteten Maßnahmen rückgängig machen würde, sondern auch noch öffentlich Fehler eingestehen?

Es blieb ihm keine andere Wahl. Am 9. Juni, nach der Rückkehr von Ulbricht und Grotewohl aus Moskau, wurde das Politbüro zu einer Sondersitzung zusammengerufen. Jetzt endlich traten Zaisser und Herrnstadt mit ihrer Opposition gegen Ulbricht offen hervor, denn nun war klar, dass sie Rückendeckung aus Moskau hatten. Zumindest Berija, wahrscheinlich aber auch Malenkow, hatte die Absetzung Ulbrichts und die Übernahme seines Amtes durch Rudolf Herrnstadt bereits gebilligt und gutgeheißen.[35] Mit Moskaus Hilfe setzten Herrnstadt und Zaisser jetzt einen «Neuen Kurs» durch, mit dem Bauern, Handwerkern und Geschäftsleuten wirtschaftliche Zugeständnisse gemacht wurden. Doch auch die Abkehr von der Politik des «Aufbaus des Sozialismus» durch die Verkündung des «Neuen Kurses» am 11. Juni auf Seite 1 der Zeitung Neues Deutschland konnte den drohenden Aufstand nicht mehr verhindern. Der abrupte Kurswechsel und das öffentliche Eingeständnis, die Partei habe in der Vergangenheit Fehler begangen, wurde von der Bevölkerung als das wahrgenommen, was es in Ulbrichts Augen auch war: ein Zeichen der Schwäche. Bereits am Abend des 11. Juni stießen Bauern auf dem Land auf das Wohl von Bundeskanzler Adenauer an. Den entscheidenden Impuls zum landesweiten Aufstand gaben am 16. Juni aber die Bauarbeiter. Sie waren die Einzigen, deren Situation sich durch den «Neuen Kurs» nicht verbessert hatte. Stattdessen sahen sie sich mit einer Erhöhung der Arbeitsnorm konfrontiert. Unter der Losung «Wir fordern Herabsetzung der Normen!» setzten sich 300 Arbeiter von der Baustelle der Stalinallee in Richtung Haus der Ministerien in Bewegung. Schnell schlossen sich andere Bauarbeiter und Passanten ihnen an, nach kurzer Zeit war der Demonstrationszug auf 10 000 Menschen angewachsen. Das Haus der Ministerien wurde von der Menge eingeschlossen. Nur Fritz Selbmann, der Minister für Industrie, fand noch den Mut, das Gebäude zu verlassen und zu den Demonstranten zu sprechen – er wurde niedergeschrien. Telefonisch hatte er noch versucht, Walter Ulbricht, der sich nicht weit entfernt im Ge-

[35] Vgl. Karl Wilhelm Fricke: Opposition und Widerstand in der DDR, Köln 1984, S. 111.

bäude des Zentralkomitees aufhielt, dazu zu überreden, selbst das Wort an die Demonstranten zu richten, doch der lehnte ab. Die Demonstration würde sich schon wieder verlaufen, glaubte er. Auch Honecker hielt sich fast den ganzen Tag im Zentralkomitee auf, wo das Politbüro ununterbrochen über die Situation beriet. Nur kurz fuhr er zum FDJ-Zentralrat und wies seine Mitarbeiter an, das Gebäude zu sichern und sich in kleinen Agitationsgruppen unter die Demonstranten zu mischen – doch derlei Maßnahmen verpufften wirkungslos. Immer mehr spitzte die Situation sich zu. In der Nacht wurde bereits mit sowjetischen Regierungsvertretern über die Evakuierung der Familienangehörigen der Politbüromitglieder verhandelt. Eine Liste kursierte, in die man sich eintragen konnte. Als Margot Honecker am nächsten Morgen ebenfalls gefragt wurde, lehnte sie das Angebot empört ab. Am Abend kam es zum Ehekrach zwischen ihr und Honecker, der den Beschluss zu rechtfertigen versuchte.

Der Morgen des 17. Juni brachte keine Entspannung der Lage. Allein in Ost-Berlin gingen 100 000 Menschen auf die Straße, und auch in vielen anderen Orten der DDR kam es zu Streiks und Demonstrationen. Doch nun nahm die Besatzungsmacht die Angelegenheit in die Hand. Fast die gesamte DDR-Führung wurde evakuiert und im Gebäude der Sowjetischen Kontrollkommission unter Hausarrest gestellt. Um 13 Uhr verhängte Generalmajor Dibrowa den Ausnahmezustand über Berlin. An allen strategisch wichtigen Plätzen der Stadt fuhren Panzer auf. Nur Waffengewalt konnte die DDR jetzt noch retten.

Doch auch nach der Niederschlagung des Aufstandes war der Machtkampf an der Spitze der Partei nicht

ausgestanden. In endlosen Debatten und quälenden Sitzungen zog sich die Auseinandersetzung hin. Eine Kommission wurde einberufen, in der über strukturelle und personelle Konsequenzen in der Parteiführung nachgedacht werden sollte. In der zweiten Sitzung dieser Kommission Anfang Juli zeigte sich, wie schwach Honeckers Rückhalt im Politbüro war. Mit der Bemerkung, er habe in den letzten Jahren nicht die geringste Tendenz zu einer Entwicklung bei Honecker beobachtet, stellte Otto Grotewohl den Verbleib des FDJ-Vorsitzenden im höchsten Parteigremium der SED zur Disposition. Zu einer Diskussion kam es nicht. Walter Ulbricht reagierte blitzschnell. Durch eine Delegierung an die Parteihochschule der KPdSU in Moskau hoffte er Honecker der Kritik zu entziehen: «Die Frage ist schon erledigt, der geht auf Schule.»[36]

Doch die Empfehlungen der Kommission sollten keine Rolle mehr spielen. In den folgenden Wochen

[36] Zit. n. Rudolf Herrnstadt: Das Herrnstadt-Dokument, Reinbek 1990, S. 115.

70

zeigte sich Ulbricht als Meister des politischen Ränke-spiels. Er selbst stand ja im Mittelpunkt der Kritik und musste agieren. In einer Sitzung des Politbüros, die für den 7. Juli zwischen neun und zehn Uhr abends ange-setzt worden war, weil Ulbricht und Grotewohl im Morgengrauen nach Moskau fliegen sollten, spitzte sich die Situation zu. Wilhelm Zaisser, der Chef des Staatssicherheitsdienstes, forderte die Ablösung Ul-brichts als Generalsekretär der Partei. Vier oder fünf Stunden dauerte die Diskussion, in der sich die über Jahre hinweg angestaute Wut gegen Walter Ulbricht entlud. Besonders leidenschaftlich kritisierte Elli Schmidt den Führungsstil des Generalsekretärs: «Der ganze Geist, der in unserer Partei eingerissen ist, das Schnellfertige, das Unehrliche, das Drohen und Prah-len – das erst hat uns so weit gebracht, und daran, lie-ber Walter, hast du die meiste Schuld.» Indirekt griff Elli Schmidt dabei auch Honecker an: «Es geht nicht gerecht zu, Walter. Wer dir zum Munde redet und im-mer hübsch artig ist, der kann sich viel erlauben. Ho-necker zum Beispiel, das liebe Kind. Aber wer dir nicht zum Munde redet, der bekommt keine Hilfe und kann sich totarbeiten, und es wird nicht anerkannt. Und wehe gar, es passiert ihm ein Fehler.» [37]

Halb ging Ulbricht auf die Kritik ein, scheinbar müde und ermattet. Vermutlich wollte er seine Gegner in Sicherheit wiegen, denn er wusste bereits, dass sich die Stimmung in Moskau wieder zu seinen Gunsten zu verändern begann. Diese Sitzung musste er noch überstehen – eine Sitzung, in der fast niemand mehr zu ihm halten wollte.

Honecker war in dieser Nacht in einer schwierigen Situation. Sollte er versuchen, seine eigene Stellung zu

[37] Zit. n. Rudolf Herrnstadt: Das Herrnstadt-Doku-ment, Reinbek 1990, S. 128.

retten, indem er sich auf die Seite der Ulbricht-Kritiker schlüge? Das war kaum möglich. Zu sehr war seine Karriere bereits mit der von Ulbricht verbunden. Honecker hatte keine Freunde unter den Politbüromitgliedern, so blieb ihm nichts anderes übrig, als zu Ulbricht zu halten – und im schlimmsten Falle mit ihm unterzugehen. In den Wochen zuvor hatte er noch geschwankt. Jetzt sprach er sich fast als Einziger für den Verbleib von Ulbricht als Generalsekretär aus.[38]

Zu einer Entscheidung kam es nicht mehr in dieser Nacht, da auf Ulbricht und Grotewohl das Flugzeug nach Moskau wartete. Grotewohl blieb nur, den Diskussionsstand zusammenzufassen: «Ich kann in Moskau keine abschließende Äußerung abgeben.»[39] In Moskau wurden Ulbricht und Grotewohl zusammen mit Vertretern der Bruderparteien aus den anderen osteuropäischen Ländern über die Festnahme Berijas unterrichtet. Auch in der sowjetischen Führung hatte in diesen Wochen also ein Machtkampf stattgefunden. Mit Berijas Verhaftung war nun die entscheidende Stütze von Herrnstadt und Zaisser in der Auseinandersetzung mit Ulbricht weggebrochen. Chruschtschow wiederum, der jetzt immer mehr Macht auf sich konzentrierte, erschien ein Führungswechsel an der Spitze der SED so kurz nach dem 17. Juni zu riskant. Zu lange hatten Ulbrichts Gegner gezögert – jetzt war die Chance vertan. Und auf einmal ging alles sehr schnell. Nach einem wohl in Moskau entworfenen Regieplan ging Ulbricht nun an die Ausschaltung seiner beiden Hauptkontrahenten. Auf einer der nächsten Politbürositzungen warf er Herrnstadt und Zaisser vor, die Partei spalten zu wollen. Auf dem 17. Plenum des ZK der SED ein halbes Jahr später wurden

[38] Vgl. Rudolf Herrnstadt: Das Herrnstadt-Dokument, Reinbek 1990, S. 126–130.
[39] Zit. n. Jan Foitzik: Hart und konsequent ist der neue politische Kurs zu realisieren, in: Deutschland-Archiv 33/2000, 32–49 (40).

sie aus der SED ausgeschlossen. Ulbricht hatte sich wieder einmal als der geschicktere Taktiker erwiesen.

Für den ebenfalls in die Kritik geratenen Honecker brachte die Entmachtung Herrnstadts und Zaissers jedoch nur kurzfristig eine Entlastung. Kaum hatte er die Turbulenzen im Zusammenhang mit dem 17. Juni überstanden, geschah etwas, was seine Karriere erneut gefährden sollte. Am 29. September 1953 setzte sich sein Stellvertreter in der FDJ, Heinz Lippmann, in den Westen ab, nachdem er monatelang von der Stasi beobachtet worden war und ein Verfahren vor der Zentralen Parteikontrollkommission fürchten musste. Honecker war gerade auf dem Weg ins Politbüro, als er die Nachricht vom Verschwinden seines engsten Mitarbeiters erhielt. Er glaubte zunächst, Lippmann wäre etwas zugestoßen, und beauftragte einen Mitarbeiter mit der Suche. Doch am Tag darauf war es sicher: Lippmann hatte am Flughafen Berlin-Tempelhof im Westen der Stadt einen Flug gebucht und war irgendwo in Hamburg untergetaucht.

Für Honecker begannen schwere Wochen. Die untrüglichen Zeichen, dass sein engster Mitarbeiter politisch kaltgestellt werden sollte, hatte er offenbar nicht ernst genug genommen und ihn bis zuletzt mit verantwortungsvollen Aufgaben betraut. Weitere Fehler durfte er sich nicht mehr erlauben. Sein Image war ohnehin angeschlagen. «Sorglosigkeit» und «Naivität» sollte Honecker sich jetzt besser nicht vorwerfen lassen. Er musste aufpassen, dass der «Fall Lippmann» nicht zu einem «Fall Honecker» würde.[40]

In der Parteiführung löste die Flucht Lippmanns höchste Erregung aus. Lippmann war nicht nur über Struktur und Personen der in der Bundesrepublik ille-

[40] Michael Herms: Heinz Lippmann, Berlin 1996, S. 150–157.

gal arbeitenden (West-)FDJ bestens informiert, er verfügte auch über intime Kenntnisse von der Arbeitsweise der Staatssicherheit und der verdeckten militärischen Aufrüstung der DDR.

Noch schwerwiegender als der Fall Lippmann war jedoch etwas anderes. Ebenfalls im Herbst 1953 zeigte sich bei einer Umtauschaktion der FDJ-Mitgliedsbücher und der damit verbundenen statistischen Erhebung, dass die Zahl der FDJ-Mitglieder rapide gesunken war. Als Reaktion darauf und auf die Flucht Lippmanns beschloss das Politbüro, die FDJ und ihre Arbeitsweise durch eine Kommission untersuchen zu lassen. Zum ersten Mal sah sich Honecker einer peinlichen Kontrolle seiner Arbeit ausgesetzt.[41]

Der etwa zwei Monate später dem Politbüro vorgelegte Bericht analysierte die Probleme der FDJ bis ins Detail und kritisierte vor allem die Führungsspitze: «Die Führung des Jugendverbandes, vor allem das Sekretariat des Zentralrates der FDJ und Genosse Honecker persönlich, begnügen sich mit schönfärberischen Berichten, ja man hat den Eindruck, dass sie politisch sorglos und blind solchen alarmierenden Zuständen gegenüberstehen.»[42] Eines der Kommissionsmitglieder ging sogar noch weiter. In einem eigenen Bericht «Über die Freie Deutsche Jugend» regte er an, Honecker «durch einen anderen, fähigeren, erfahreneren Genossen» zu ersetzen.[43]

Der Verfasser dieses separaten Berichtes war Fred Stempel, ein persönlicher Mitarbeiter von Otto Grotewohl, der wenige Monate zuvor Honeckers Ausscheiden aus dem Politbüro gefordert hatte. Ein Zufall? Wohl kaum. Auch wenn Ulbricht den Machtkampf im Politbüro gewonnen hatte und seine schützende Hand

[41] Peter Skyba: Vom Hoffnungsträger zum Sicherheitsrisiko, Köln 2000, S. 274–282.
[42] Bericht der Kommission zur Überprüfung der Arbeit der Freien Deutschen Jugend, zit. n. Peter Skyba: Vom Hoffnungsträger zum Sicherheitsrisiko, Köln 2000, S. 281.
[43] Fred Stempel: «Über die Freie Deutsche Jugend», zit. n. Peter Skyba: Vom Hoffnungsträger zum Sicherheitsrisiko, Köln 2000, S. 281.

über Honecker hielt: Die Zeichen waren nicht zu übersehen, dass Honeckers Tage als Chef der FDJ gezählt waren. Der Abstieg erfolgte in Etappen. Plötzlich war Honecker nicht mehr Vorsitzender der FDJ, sondern nur noch 1. Sekretär – und ein 2. Sekretär wurde ihm zur Seite gestellt, mit dem eindeutigen Ziel, seine Machtfülle zu beschränken. Dass er seinen Posten zunächst überhaupt behalten durfte, hatte er wohl nur dem Einfluss Ulbrichts zu verdanken.[44] Doch auch das sollte nicht von langer Dauer sein. Im Mai 1954 beschloss das Politbüro, ihn auf die Parteihochschule der KPdSU nach Moskau zu schicken, im Juli wurde der Besuch um ein Jahr verschoben, sodass Honecker bis zum V. Parlament der FDJ im Mai 1955 Chef der Jugendorganisation bleiben konnte.[45] Als sein Nachfolger war Wolfgang Steinke vorgesehen, bisher einer der Abteilungsleiter im FDJ-Zentralrat und Stellvertreter Honeckers. Am Tag vor dem Beginn des Parlaments beichtete er jedoch der Parteiführung, dass er 1944 aus der Hitlerjugend als Anwärter in die NSDAP aufgenommen worden war. Damit war er für eine derart herausgehobene Position nicht tragbar. Hektisch wurde nach einem Alternativkandidaten gesucht. Die Wahl fiel auf Karl Namokel, den Wirtschaftssekretär der SED-Bezirksleitung Rostock – eine Verlegenheitslösung. Namokel mangelte es nicht nur an Erfahrung, ihm fehlte auch der direkte Kontakt zur Parteispitze. Und so folgte auf die Ära Honecker keine Ära Namokel, sondern die eines anderen Mannes: Karl Schirdewan war es, der die Geschicke der FDJ von nun an maßgeblich beeinflusste.[46] Schirdewan, der nach dem 17. Juni ins Politbüro aufgerückt war, hatte sich in den letzten Jahren zu einem Intimfeind Erich Honeckers

[44] Peter Skyba: Vom Hoffnungsträger zum Sicherheitsrisiko, Köln 2000, S. 289.
[45] Vgl. Peter Skyba: Vom Hoffnungsträger zum Sicherheitsrisiko, Köln 2000, S. 289.
[46] Vgl. Peter Skyba: Vom Hoffnungsträger zum Sicherheitsrisiko, Köln 2000, S. 326 f.

entwickelt. Ursache der Spannungen zwischen den beiden war ein typischer Konstruktionsfehler in der Machthierarchie der SED. Als Jugendsekretär des Zentralkomitees war Schirdewan für die FDJ offiziell verantwortlich, aber Honecker empfand sich als gleichrangig, da er wie Schirdewan – und sogar länger als dieser – Politbüromitglied war. Wie gewohnt, besprach er deswegen auch weiterhin alles direkt mit Walter Ulbricht. Der Ärger war damit programmiert. Immer wieder kritisierte Schirdewan Honecker für seine Alleingänge und versuchte ständig, die FDJ besser unter seine Kontrolle zu bekommen. Mit dem Weggang Honeckers nach Moskau und der Wahl Karl Namokels zum FDJ-Chef konnte Schirdewan schließlich den Machtkampf gewinnen. Zu Wolfgang Steinke hatte er vor dem V. Parlament noch gesagt: «Genosse Honecker geht aus der FDJ weg. Das ist gut, denn die Zeit der großen Reden ist vorbei. Jetzt brauchen wir jemanden, der sachlich zu arbeiten versteht.» [47]

Auf der Moskauer Parteihochschule wurde Honecker neben dem Studium des Marxismus-Leninismus vor allem in der Geschichte Russlands, der KPdSU und der internationalen Arbeiterbewegung unterrichtet. Als man sich in der Bundesrepublik nach Honeckers Aufstieg zum 1. Sekretär auch für Details seiner Biographie zu interessieren begann, wurde vermutet, er habe in Moskau eine zusätzliche Ausbildung in militärpolitischen Fragen und Sicherheitspolitik erhalten – doch verifiziert werden konnte diese Spekulation bisher nicht. [48] Auch die Aussagen seiner deutschen Kommilitonen, unter ihnen waren zum Beispiel Gerhard Schürer, der spätere Chef der Staatlichen Plankommission, und Hans Bentzien, von 1961 bis

[47] Zit. n. Peter Skyba: Vom Hoffnungsträger zum Sicherheitsrisiko, Köln 2000, S. 328.
[48] Heinz Lippmann: Honecker, Köln 1971, S. 173–175.

1966 Minister für Kultur, geben nur wenig Aufschluss darüber. Honecker hatte wenig Kontakt zu den Kommilitonen und blieb in seiner Studiengruppe aufgrund seiner Mitgliedschaft im Politbüro, die in dieser Zeit lediglich ruhte, immer ein Außenseiter.[49]

Die Veränderung, die er nach einem Jahr vollzogen hatte, als er wieder nach Berlin zurückkehrte, war signifikant. In gewisser Weise war die Wirkung seines Aufenthalts in Russland vergleichbar mit seinem ersten Moskau-Besuch 1930/31. Bis zu seinem zweiten Jahr in Moskau war Honecker ein Mann der Straße und der Aktion gewesen – eigentlich immer noch derselbe, der als junger KJVD-Funktionär Demonstrationen vorbereitet und Flugblätter verteilt hatte. Seine Tätigkeit in der FDJ war nur die Fortsetzung dieser Arbeit auf höherer Ebene gewesen. Im Politbüro hatte er sich nie so recht wohl gefühlt, und die quälend langen Sitzungen hatte er am liebsten geschwänzt. Das war jetzt, als er aus Moskau zurückkam, auf einmal anders. Sofort nach seiner Rückkehr im Sommer 1956 wurde Honecker ZK-Sekretär für Sicherheitsfragen. Damit war er verantwortlich für die NVA, die Polizei und den Staatssicherheitsdienst. Diese Aufgabenbereiche hatten seit dem 17. Juni nur Ulbricht selbst unterstanden. «Die alte Allianz Ulbricht/Honecker war nach einjähriger Unterbrechung auf höherer Ebene erneut begründet worden», schrieb Honeckers ehemaliger Stellvertreter und erster Biograph Heinz Lippmann.[50]

Wie ist es zu erklären, dass Ulbricht, dem Honeckers politische Schwächen, seine Naivität, seine Leichtfertigkeit und sein Übereifer nicht verborgen geblieben sein konnten, so bedingungslos an ihm fest-

[49] Hans Bentzien: Meine Sekretäre und ich, Berlin 1995, S. 135–137; Gerhart Schürer: Gewagt und verloren, Berlin 1998, S. 56.
[50] Heinz Lippmann: Honecker, Köln 1971, S. 175.

hielt und ihm sogar immer mehr Verantwortung übertrug? Ausschlaggebend dafür war wohl Ulbrichts grenzenloses Misstrauen. Sein wichtigster kaderpolitischer Grundsatz war, dass man am besten den ganzen Apparat auswechseln sollte, wenn man einen neuen Posten einnahm. Es sei sicherer, nur Menschen um sich zu haben, die man selbst ausgewählt habe und die einem daher persönlich verpflichtet seien, sagte er einmal.[51] Erich Honecker hatte er nicht nur ausgewählt und mehrmals vor dem politischen Absturz bewahrt, er war auch einer der wenigen, die ihn nicht enttäuscht hatten. Auch in der kritischsten Phase hatte Honecker sich ihm gegenüber unbedingt loyal verhalten. Werner Eberlein, der viele Jahre Ulbrichts Dolmetscher war und später unter Honecker ins Politbüro aufrückte, vermutete, dass Honeckers Haltung im Juni und Juli 1953, als Ulbricht kurz vor der Absetzung stand, den Ausschlag gegeben hatte für dessen Entscheidung, Honecker als seinen Stellvertreter und vielleicht sogar als seinen Nachfolger heranzuziehen.[52]

Die Ernennung Honeckers zum ZK-Sekretär für Sicherheitsfragen war daher auch so etwas wie ein Signal an Ulbrichts Gegner, dass er nun nicht mehr allein dastand. Denn wieder hatte sich im Politbüro eine Opposition gegen ihn formiert, und Ulbricht hatte Hilfe nötiger denn je. Wortführer der parteiinternen Kritiker waren diesmal Karl Schirdewan, der in den letzten Jahren zum zweiten Mann hinter Ulbricht aufgerückt war, und Ernst Wollweber, der Chef der Staatssicherheit. Die Konstellation war also mit der Situation im Jahr 1953 absolut vergleichbar. «Es schien, als richte sich das jeweilige Geschehen nach einem geheimen Drehbuch desselben Autors, der sich nur wenig Mühe

[51] Julij A. Kwizinskij: Vor dem Sturm, Berlin 1993, S. 178.
[52] Zeitzeugenaussage von Werner Eberlein, in: Fernsehdokumentation «Die Sekretäre» von Christian Klemke und Jan N. Lorenzen, Mitteldeutscher Rundfunk, 7. Oktober 1999.

gemacht hatte, Änderungen gegenüber der ersten Version vorzunehmen», schrieb der Ulbricht-Biograph Mario Frank.[53]

Die Meinungsverschiedenheiten zwischen Ulbricht und seinen beiden Kritikern reichten zurück bis zum Anfang des Jahres 1956, als Chruschtschow in seiner berühmten Geheimrede auf dem XX. Parteitag der KPdSU den Bruch mit dem Stalinismus wagte. Ulbrichts Kommentar zu den Enthüllungen von Stalins Verbrechen – «Stalin ist kein Klassiker mehr» – war Schirdewan zu passiv. Er forderte eine Entstalinisierung und ein Ende des Personenkultes auch in der DDR. Und kein Geringerer als Nikita Chruschtschow selbst bestärkte Schirdewan in seiner Kritik an Ulbricht und äußerte seinen Unmut über die Weigerung des SED-Chefs, auch in der DDR einen Entspannungskurs einzuleiten.[54]

Zunächst musste Ulbricht seine Gegner weitgehend gewähren lassen. Doch im Herbst 1956 zeigte sich, dass Chruschtschows Entstalinisierungs- und Liberalisierungskurs auf eine ähnliche Art und Weise gescheitert war wie drei Jahre zuvor der «Neue Kurs». Die dramatischen Ereignisse, die dieses Scheitern markierten, spielten sich nicht in der DDR ab, sondern im Nachbarland Polen, wo es zu Unruhen und Streiks kam, und vor allem in Ungarn, wo am 23. Oktober 1956 ein Volksaufstand losbrach, der die Grundfesten des sozialistischen Systems noch viel stärker erschütterte, als es die Revolte vom 17. Juni getan hatte. Denn diesmal konnte der Aufstand durch den Aufmarsch von Panzern nicht bereits im Keim erstickt werden. Vor allem in der ungarischen Hauptstadt Budapest leisteten die Aufständischen an strategisch wichtigen Ver-

[53] Mario Frank: Walter Ulbricht, Berlin 2001, S. 255.
[54] Karl Schirdewan: Aufstand gegen Ulbricht, Berlin 1995, S. 83.

79

kehrsknotenpunkten Widerstand. Mit Waffengewalt, Demonstrationen und Streiks erzwangen sie den Rückzug der sowjetischen Panzer. Erst mit einem zweiten Angriff in der Nacht vom 3. auf den 4. November konnte der Widerstand gebrochen werden.

Durch die Ereignisse in Ungarn war im Machtkampf gegen Ulbricht bereits eine Vorentscheidung gefallen. Mit dem Argument, dass auch in der DDR die Konterrevolution drohe, ging Ulbricht mit Honeckers Hilfe daran, seine Gegner auszuschalten. Zu lange hatten Schirdewan und Wollweber gezögert, gemeinsam und organisiert gegen Ulbricht vorzugehen. Jetzt war die Chance vertan. Ulbricht und Honecker nahmen sich jeden von ihnen einzeln vor. Den ersten Schlag führten sie gegen einige kritische Intellektuelle, die, ermutigt durch Chruschtschows Tauwetterpolitik, eine Liberalisierung der Gesellschaft gefordert hatten. An ihrer Spitze standen Walter Janka, der Leiter des Aufbau-Verlages, und der Philosoph und Publizist Wolfgang Harich, der eine «Plattform für einen besonderen deutschen Weg zum Sozialismus» verfasst hatte.

Gegen Schirdewan und Wollweber selbst hatten Ulbricht und Honecker jedoch nichts Konkretes in der Hand. Hier musste belastendes Material noch mühsam gesammelt oder gar erst geschaffen werden. Dabei spielte die unklare Kompetenzverteilung an der SED-Spitze wieder eine Rolle. Eigentlich gehörte auch das Ministerium für Staatssicherheit in den Zuständigkeitsbereich Honeckers als ZK-Sekretär für Sicherheit. Doch Stasichef Wollweber war zugleich Mitglied des Politbüros und keineswegs gewillt, sich von Honecker in die Karten gucken oder gar anweisen zu lassen. Andererseits konnte Honecker nicht dauerhaft hinnehmen, dass das wichtigste Instrument innenpolitischer Herrschaftssicherung seiner Kontrolle entzogen war. Es konnte aus seiner Sicht nur eine Lösung geben: Ernst Wollweber musste abgelöst und durch einen Kader ersetzt werden, der in der Parteihierarchie deutlich unter Honecker angesiedelt war. In den Augen von Ulbricht und Honecker gab es diesen Mann bereits, es handelte sich dabei um Erich Mielke, den Stellvertreter Wollwebers. Während des sich über fast zwei Jahre hinziehenden Machtkampfes zwischen Ulbricht einerseits und Schirdewan / Wollweber andererseits versorgte Mielke Ulbricht und Honecker mit Informationen über Geheimkontakte von Wollweber, denunzierte ihn als «Alkoholiker» und lotste Berichte an Wollweber vorbei zu Ulbricht.[55] Wollweber schien das nicht zu entgehen. Zur Jahreswende 1956 / 57 gab er einen Befehl heraus, wonach MfS-Angehörige, die Kontakte zum SED-Zentralkomitee pflegten, ihm vom Inhalt dieser Gespräche Bericht zu erstatten hätten – eine klare Anweisung, den «Dienstweg» einzuhalten. Am 14. Januar 1957 wurde dies noch einmal präzisiert: «Um zu garantieren, dass Partei- und Staatsführung nur gründliche Informationen erhalten, befehle ich: Meldungen an den Vorsitzenden des Ministerrates, den 1. Sekretär des Zentralkomitees, an die Mitglieder der Sicherheitskommission des ZK werden durch mich persönlich weitergegeben, in Abwesenheit erfolgt die Weitergabe durch meinen 1. Stellvertreter.»[56] Kurze Zeit später wurden Wollweber und seine Stellvertreter, unter ihnen Erich Mielke, zu Ulbricht zitiert. Der SED-Chef wertete Wollwebers Anweisung als «Ver-

[55] Jan von Flocken / Michael F. Scholz: Ernst Wollweber, Berlin 1994, S. 185–192.
[56] Zit. n. Mario Frank: Walter Ulbricht, Berlin 2001, S. 264.

such, sich über die Partei zu stellen» – ein schwerwiegender Vorwurf, der die Kompetenzrivalitäten deutlich zum Ausdruck brachte.[57]

Doch für Wollweber kam es noch schlimmer. Mit der Begründung, das Ministerium für Staatssicherheit sei in der letzten Zeit nicht wachsam genug gewesen, wurde es jetzt Honecker unterstellt. Unter der Anleitung der Sicherheitskommission des ZK sollte das gesamte Ministerium einer kritischen Überprüfung unterzogen werden. In einer Sitzung am 12. Februar bekräftigte Honecker, dass die Arbeitsmethoden des MfS radikal geändert werden müssten.[58] Wollweber wurde in den nächsten Wochen heftig attackiert und nach und nach demontiert. Ein halbes Jahr später gab er auf und bot Ulbricht seinen Rücktritt «aus gesundheitlichen Gründen» an. Ulbricht akzeptierte das Rücktrittsgesuch zwar, bat Wollweber aber, noch so lange im Amt zu bleiben, bis die sowjetische Führung seiner Ablösung zugestimmt hätte. Währenddessen gingen Honeckers Angriffe auf Wollweber weiter. Offensichtlich wollten er und Ulbricht ihren Sieg noch auskosten. Erst im Oktober wurde Wollweber gestattet, aus dem Ministerium für Staatssicherheit auszuscheiden. Sein Nachfolger wurde erwartungsgemäß Erich Mielke.

War Erich Mielke der wichtigste Helfer von Ulbricht und Honecker beim Sammeln von vermeintlich belastendem Material gegen Wollweber, so half Paul Verner mit Spitzeldiensten, um belastendes Material gegen Karl Schirdewan zusammenzustellen. Paul Verner war ein enger Mitarbeiter Honeckers beim Aufbau der FDJ Ende der vierziger Jahre gewesen, und er hatte ein ähnliches Motiv wie Erich Mielke: Er wollte

[57] Jan von Flocken / Michael F. Scholz: Ernst Wollweber, Berlin 1994, S. 186.
[58] Wilfriede Otto: Erich Mielke, Berlin 2000, S. 233.

auf der Karriereleiter eine Stufe nach oben. Karl Schirdewan nannte ihn immer nur «das Hündchen von Ulbricht»[59] und achtete nicht weiter auf ihn, was sich als folgenschwerer Fehler herausstellen sollte. Bei einem Festempfang in der sowjetischen Botschaft in Ost-Berlin, vermutlich im November 1957 zum Jahrestag der Oktoberrevolution, bat der sowjetische Botschafter Puschkin Schirdewan in sein Arbeitszimmer, um ihm zu versichern, dass er und das Oberkommando der Gruppe der sowjetischen Streitkräfte in der DDR Schirdewans Position im Machtkampf unterstützen würden. Alexander Bogomolow war als Dolmetscher Puschkins bei dem Gespräch dabei und erinnerte sich: «Sinngemäß, aber sehr genau, sagte Schirdewan: ‹Genosse Puschkin, wir wissen, das Ulbricht eine enorme Erfahrung hat, dass es für ihn in der DDR jetzt als 1. Sekretär des ZK der SED keine Alternative gibt. Aber Sie als großer Bruder, Sie als Sowjetunion mit ihrer riesigen Autorität, können ihn beeinflussen, damit er seine nächste Umgebung, seine Kollegen in der Führung nicht so malträtiert, wie er es manchmal tut.›» Bogomolow, der Schirdewan bis zum Ausgang begleitete, erinnerte sich: «In der Garderobe stand noch ein Halunke: Paul Verner. Als er Schirdewan sah, sagte er böse: ‹Ach, da bist du gewesen›, zog seinen Regenmantel an und ist weggefahren.»[60]

Es war der entscheidende Moment in diesem Machtkampf, der sich schon über mehrere Jahre hingezogen hatte. Schirdewan fehlte die Härte und Entschlossenheit, von Puschkin Ulbrichts Ablösung zu fordern. Seine Haltung zu Ulbricht war loyal, aber nicht loyal genug. Ulbricht und Honecker setzten ihn unter Druck. Mit dem Mut der Verzweiflung sammelte

[59] Zeitzeugenaussage von Gisela Schirdewan, in: Fernsehdokumentation «Die Sekretäre» von Christian Klemke und Jan N. Lorenzen, Mitteldeutscher Rundfunk, 7. Oktober 1999.

[60] Zeitzeugenaussage von Alexander Bogomolow, in: Fernsehdokumentation: «Die Sekretäre» von Christian Klemke und Jan N. Lorenzen, Mitteldeutscher Rundfunk, 7. Oktober 1999.

Schirdewan noch einmal seine Verbündeten um sich. Doch einem von ihnen, ZK-Mitglied Gerhart Ziller, unterlief ein folgenschwerer Fehler. Unter Alkoholeinfluss und in Anwesenheit eines Mitarbeiters der Staatssicherheit plauderte er Schirdewans Plan aus. Auf der nächsten Sitzung des ZK, so Ziller, solle es endlich ums Ganze gehen. «Wir lassen uns nicht einen nach dem anderen abschießen.»[61] Natürlich erfuhr Erich Mielke von dem Vorfall – und jetzt hatten Ulbricht und Honecker endlich genügend Material gegen Schirdewan beisammen. Gerhart Ziller erschoss sich in der Nacht des 14. Dezember 1957. Während Chruschtschow noch versuchte, den Sturz von Karl Schirdewan ins Bodenlose zu verhindern, machte Honecker im Parteiapparat Stimmung gegen ihn. Auf der 35. Tagung des Zentralkomitees der SED im Februar 1958 wurde er schließlich zusammen mit Ernst Wollweber aus dem ZK ausgeschlossen. Erich Honecker hielt die Anklagerede, während Ulbricht sich dezent zurückhielt. Zusätzlich zu seiner Aufgabe als Sekretär für Sicherheitsfragen wurde Honecker jetzt auch die Funktion als Kaderchef der Partei übertragen. Für alle erkennbar, rückte er damit hinter Ulbricht zum zweitmächtigsten Mann der DDR auf. Und auch Paul Verner wurde für seine Dienste belohnt. Im Sommer 1958 wurde er als Kandidat ins Politbüro aufgenommen.

Nach der Ausschaltung Schirdewans und Wollwebers ging es einige Jahre lang ruhiger zu im Politbüro der SED. Ulbricht war jetzt der unangefochtene Herrscher über SED und DDR. Und er hatte in Honecker einen Gefolgsmann, der zuverlässig darüber wachte, dass eine neue Opposition gegen ihn gar nicht erst entstehen konnte. Der Satz «Wer Walter Ulbricht

[61] Zit. n. Mario Frank: Walter Ulbricht, Berlin 2001, S. 267 f.

angreift, greift die Partei an» wurde – von Honecker geprägt – zum Leitspruch der nächsten Jahre.[62]

Von 1958 bis 1961 beschäftigte also nicht mehr der innerparteiliche Machtkampf die DDR-Spitze, sondern das immer noch ungelöste Flüchtlingsproblem. In Ermangelung von freien Wahlen war die Zahl der Übersiedler zum eigentlichen Indikator der Unbeliebtheit des SED-Regimes geworden. Bei einer Verschärfung des politischen Kurses gingen die Flüchtlingszahlen regelmäßig drastisch nach oben, während sie in den kurzen Liberalisierungsphasen immer etwas zurückgingen. Es lag auf der Hand, dass dies auf Dauer für die DDR kein tragbarer Zustand war, vor allem, da es hauptsächlich junge und gut ausgebildete Fachkräfte waren, die die Flucht in den Westen wagten. Bereits 1952, zur Zeit der Verkündung des «Aufbaus der Grundlagen des Sozialismus», war die Grenze der DDR zur Bundesrepublik abgeriegelt worden, aber über die Viermächtestadt Berlin mit ihrer offenen Sektorengrenze war die Flucht noch jederzeit möglich. Seit 1958 versuchte daher Chruschtschow auf Ulbrichts Veranlassung, die Westmächte mit Drohungen und Ultimaten aus Berlin zu vertreiben – ohne Erfolg. Eine andere Lösung des Flüchtlingsproblems musste her, und langsam nahm sie in Ulbrichts Kopf Gestalt an: die Teilung der Stadt.

Bevor es dazu kam, zog zunächst fast das gesamte Politbüro in die Waldsiedlung Wandlitz im Norden Berlins um. Die Pläne für den Bau reichten zurück bis in die frühen fünfziger Jahre. Ursprünglich war es wohl sowjetisches Sicherheitsdenken, das eine dezentrale und doch gemeinsame Wohnanlage für die wichtigsten Parteifunktionäre nahe legte. Aber es waren

[62] Zeitzeugenaussage von Markus Wolf, in: Fernsehdokumentation «Die Sekretäre» von Christian Klemke und Jan N. Lorenzen, Mitteldeutscher Rundfunk, 7. Oktober 1999.

dann die Ereignisse vom 17. Juni 1953 in der DDR und der ungarische Aufstand 1956, die den Bau der Waldsiedlung besonders ratsam erscheinen ließ. Erich Honecker war als ZK-Sekretär für Sicherheit Ende der fünfziger Jahre mit den Planungen für Errichtung der Anlage befasst. In einem streng gesicherten Innenring sollten die Kandidaten und Mitglieder des Politbüros wohnen, im so genannten Außenring in erster Linie das Dienstpersonal. Die ganze Siedlung war zudem so geplant, dass die Bewohner darin völlig autark leben konnten. Alltägliche Besorgungen konnten direkt vor Ort erledigt werden, um Sonderwünsche kümmerten sich Dienstboten. Die Häuser selbst wurden alle im selben Stil gebaut und unterschieden sich nur geringfügig der Größe nach. Im Sommer 1960 war es dann so weit: Die Funktionäre zogen ein, das Ehepaar Ulbricht ins Haus Nr. 7, Erich Honecker mit seiner Frau ins Haus Nr. 11.

Der Abschottung nach innen entsprach die Abriegelung nach außen, die ein Jahr nach dem Bezug der Waldsiedlung Gestalt annahm. Am 29. März 1961 tagten in Moskau die Parteichefs der Länder des Warschauer Paktes. Als Ulbricht ihnen vorschlug, die Grenze nach West-Berlin «mit Posten unserer Grenzorgane, mit Barrieren, vielleicht auch mit Stacheldrahtzäunen zu verstopfen», zeigten sie sich entsetzt. Sie befürchteten eine Schädigung des Ansehens der gesamten kommunistischen Welt und den offenen Konflikt mit dem Westen. Auch Chruschtschow sprach sich gegen diese Art der Lösung der Berlinkrise aus. Doch er erteilte Ulbricht immerhin die Vollmacht, alles für die Teilung der Stadt vorzubereiten.[63]

Zurück in Berlin, setzte Ulbricht einen streng gehei-

[63] Peter Wyden: Die Mauer war unser Schicksal, Berlin 1995, S. 39; vgl. Michael Lemke: Die Berlinkrise, Berlin 1995, S. 157–158.

men Arbeitsstab unter der Leitung von Erich Honecker ein, der die Schließung der Grenze organisatorisch vorbereiten sollte. In den nächsten Wochen und
Monaten war es nun Honeckers Aufgabe, die Aktion
im Detail auszuarbeiten und Einsatzpläne zu erstellen.
Zu seinem Arbeitsstab gehörten nur acht Personen.
Die beiden wichtigsten waren Werner Hübner, ein
Oberstleutnant der NVA, der Honecker in allen militärischen Fragen beraten sollte, und Gerhard Exner,
Oberst der Berliner Polizei, dem insofern eine Schlüs-
selrolle zukam, als die Operation nach außen als Poli-
zeiaktion erscheinen sollte. Der Planungsstab tagte
zunächst in Strausberg bei Berlin. Als Einsatzzentrale
für die Aktion selbst wurde das Berliner Polizeipräsidium ausgewählt, das über ein dichtes Kommunika-
tionsnetz verfügte und von wo aus die Polizeireviere in
jedem Abschnitt an der Berliner Zonengrenze telefonisch erreichbar waren. Honeckers Stab wurde, so un-
auffällig wie möglich, in vier Zimmern im zweiten
Stock untergebracht. Nur Honecker selbst hatte ein
eigenes Büro mit Konferenztisch. Überall an den Wän-
den hingen detaillierte Stadtpläne von Berlin.[64]

Doch Chruschtschow zögerte noch immer. Zu unge-
wiss war, wie die Amerikaner reagieren würden. Erst
im Januar hatte John F. Kennedy sein Amt als Präsident der USA angetreten. Er hatte noch kein eigenes
Profil gewonnen und war für Chruschtschow schwierig einzuschätzen. Am 3. und 4. Juni 1961 kam es in
Wien zum ersten Treffen zwischen den beiden Führern der Supermächte. Die Fernsehbilder zeigten der
Öffentlichkeit zwei gut gelaunte Politiker. Doch hinter
den Kulissen prallten die Gegensätze hart aufeinander. Noch einmal versuchte Chruschtschow mit der

[64] Peter Wyden:
Die Mauer war
unser Schicksal,
Berlin 1995,
S. 57.

Nikita Chruschtschow auf einer Party mit amerikanischen Stars der Revue «Holiday on Ice», Moskau 1959

Drohung, notfalls einen Krieg vom Zaun zu brechen, die sowjetische Maximalforderung durchzusetzen: Sollte der Westen binnen sechs Monaten einer Eingliederung West-Berlins in die DDR nicht zustimmen, würde die Sowjetunion einen separaten Friedensver-

John F. Kennedy bei einer Pressekonferenz, Washington 1961

trag mit der DDR abschließen und alle Zufahrtswege nach Berlin sperren. Kennedy war schockiert – von der unverhüllten Kriegsdrohung ebenso wie von dem exzentrischen Auftritt Chruschtschows, der während der Verhandlungen nach Belieben Wutausbrüche inszenierte, um ihn einzuschüchtern. Nur äußerlich zeigte er sich unbeeindruckt. Nach drei Verhandlungstagen verabschiedete er sich von Chruschtschow mit den Worten: «Es wird ein kalter Winter.»[65]

In einem Fernsehinterview am 25. Juli formulierte er dann in Bezug auf West-Berlin die berühmten «three essentials»: Unter Einsatz aller Mittel seien die USA gewillt, die Präsenz der Westmächte in Berlin zu erhalten, den freien Zugang zum westlichen Teil der Stadt zu verteidigen und die Freiheit und Lebensfähigkeit der Bewohner West-Berlins zu garantieren.[66]

Mit Kennedys Ausführungen war die Haltung des Westens für Chruschtschow endlich kalkulierbar geworden. Er konnte nun selbst entscheiden, ob er bereit wäre, für die Eingliederung West-Berlins einen Krieg zu führen, oder ob er eine Lösung auf der Basis des bestehenden Status quo vorzöge. Letzteres aber bedeutete die Abriegelung West-Berlins. Die Entscheidung war endlich gefallen. Über seinen Botschafter in der DDR, Perwuchin, ließ Chruschtschow Ulbricht seine Einwilligung zum Bau der Mauer mitteilen.[67]

Erich Honecker und sein Stab hatten ganze Arbeit geleistet. Ihr Plan sah vor, die Grenze mit großen Mengen Stacheldraht schnell abzuriegeln. Erst nach und nach sollte die provisorische Absperrung durch eine richtige Mauer ersetzt werden. Auch an die Trennung der U- und S-Bahn-Linien nach West-Berlin war ge-

[65] Zit. n. Fred Kaplan: The Wizards of Armageddon, Stanford / Calif. 1991, S. 293.

[66] Jürgen Rühle / Gunter Holzweißig: 13. August 1961, Köln 1988, S. 14–15.

[67] Julij A. Kwizinskij: Vor dem Sturm, Berlin 1993, S. 180.

dacht. Die U-Bahn-Ausgänge im Stadtbezirk Mitte sollten einfach zugemauert werden.

Aber noch immer wusste kaum jemand in der Führung der DDR von dem Vorhaben. Erst am 7. August wurde das Politbüro offiziell eingeweiht. Es ordnete einen formalen Beschluss des Ministerrates der DDR an. Am Nachmittag des 12. August lud Walter Ulbricht die Mitglieder des Politbüros, des Präsidiums des Ministerrates und des Staatsrates in seine Sommerresidenz am Döllnsee ein. «Alle unterhielten sich in angeregter sommerlicher Partystimmung», erinnerte sich Werner Eberlein. «Ich hatte einen sowjetischen Lustspielfilm im Gepäck, um gegebenenfalls die Zeit bis zum Abendessen zu überbrücken.»[68] Was der eigentliche Sinn dieses Treffens war, hatte Ulbricht dem sowjetischen Botschafter Perwuchin bereits vorher anvertraut: «Wir werden zusammen essen, ich teile ihnen die Schließung der Grenze mit und bin vollkommen überzeugt, dass sie diesen Schritt billigen werden. Vor allem aber lasse ich sie nicht weg, bis die Aktion beendet ist. Sicher ist sicher.»[69]

Honecker war nicht dabei. Um 16 Uhr hatte er sich mit Ulbricht am Döllnsee ein letztes Mal über den Wortlaut der politischen Erklärungen und der Befehle an Polizei und Armee verständigt und sich auf den Weg nach Berlin gemacht. Um 22 Uhr ließ er die Befehle mit den genauen Einsatzzeiten in die sowjetische Botschaft bringen, wo sie sofort übersetzt und nach Moskau übermittelt wurden. Wenig später traf Honecker im Berliner Polizeipräsidium mit seinem Stab zusammen. Um Mitternacht wurde Gefechtsalarm ausgelöst. Ab zwei Uhr begannen Pioniereinheiten der NVA, Stacheldrahtverhaue und spanische

[68] Werner Eberlein: Geboren am 9. November, Berlin 2000, S. 325.
[69] Julij A. Kwizinskij: Vor dem Sturm, Berlin 1993, S. 184.

Reiter entlang der Sektorengrenze aufzustellen. Auch Honecker blieb nicht im Polizeipräsidium, sondern fuhr noch in der Nacht an verschiedene Abschnitte der Sektorengrenze, um vor Ort mit den Kommandeuren zu reden und sich vom reibungslosen Verlauf der Grenzschließung zu überzeugen. Um 4 Uhr war er zurück im Polizeipräsidium. Gegen 6 Uhr früh war die zunächst provisorische Grenzsicherung abgeschlossen. Mit den Worten «Jetzt können wir gehen» entließ er seinen Stab. Die Operation «Rose» war ohne jeden Zwischenfall verlaufen. Den Westmächten und der Bundesregierung blieb nur, gegen die Unmenschlichkeit der Maßnahme zu protestieren. Die DDR hatte sich eingemauert.[70]

Der Bau der Mauer in Berlin ist zuweilen als Honeckers Gesellenstück bezeichnet worden – und in dieser Bezeichnung bündelt sich tatsächlich eine doppelte Wahrheit. Denn es war nicht nur in organisatorischer Hinsicht eine Meisterleistung gewesen, die Honecker und sein Stab in dieser Nacht vollbrachten

Bau der Berliner Mauer, 16. August 1961

[70] Hans-H. Hertle: Chronik des Mauerfalls, Berlin 1996, S. 15 ff.; Peter Wyden: Die Mauer war unser Schicksal, Berlin 1995, S. 58–63.

Nach dem Mauerbau: Erich Honecker im Gespräch mit Angehörigen der Grenztruppen

und die dadurch die Missgriffe Honeckers bei den Weltfestspielen 1951 und beim «Dienst für Deutschland» in Vergessenheit geraten ließ. Der Bau der Mauer markierte auch das Ende der Lehrzeit bei Walter Ulbricht. Jetzt hatte er genug Selbstvertrauen gesammelt, um langsam aus dem Schatten Ulbrichts herauszutreten.

Der Weg zur Macht

Es ist kaum vorstellbar, dass die DDR ohne die vollständige Abriegelung ihrer Grenzen nach Westen überhaupt bis 1989 Bestand gehabt hätte. Der Mauerbau ist daher oft als zweite Gründung der DDR bezeichnet worden. Im Schatten der Mauer gelang in den nun folgenden Jahren eine Konsolidierung, für die der Stopp der Abwanderung von Arbeitskräften die wichtigste Voraussetzung war. Der Anstieg des Lebensstandards war nicht spektakulär, aber doch so deutlich, dass auch im Westen bald von einem «Wirtschaftswunder DDR» die Rede war. Eine Stabilisierung des Herrschaftssystems der SED war die Folge. Man musste in diesen Jahren schon ein sehr feines Gespür haben, um überhaupt Meinungsverschiedenheiten in der Spitze der SED wahrzunehmen.

Die sechziger Jahre galten daher lange als eine politisch uninteressante und wenig ereignisreiche Periode. Erst sei Öffnung der Archive ist bekannt, dass es gerade in dieser Zeit heftige innerparteiliche Auseinandersetzungen gab, vor allem in der Kultur-, der Wirtschafts- und der Deutschlandpolitik. Die tatsächlichen Fronten in diesen Auseinandersetzungen sind gleichwohl äußerst unscharf. Zu keinem Zeitpunkt ist genau zu erkennen, wer innerhalb der SED-Spitze zu welcher Interessengruppe gehörte und welche politische Position er einnahm. Dies liegt vor allem daran, dass die Bildung einer innerparteilichen Fraktion oder Plattform als ein schwerwiegendes Vergehen angesehen wurde und entsprechend geahndet werden konnte. Bei der Formierung politischer Gegenströmungen musste daher der Eindruck, hier sei Opposi-

tion gezielt organisiert worden, unbedingt vermieden werden. Das Bild, das sich dem Betrachter dieser Jahre bei einem ersten oberflächlichen Blick darbietet, ist daher konfus und unübersichtlich.[1] Erst bei sehr detaillierter Betrachtung offenbart sich, dass beinahe alle Auseinandersetzungen dieser Jahre von einem einzigen Grundthema beherrscht waren: Honecker strebte an die Macht. Die Geschichte der Jahre 1963 bis 1971 ist die Geschichte seines Machtkampfes, der erst nach einer quälend langen Vorbereitungszeit in seine sehr kurze, aber äußerst dramatische Endphase ging.

Nachdem der in der Bevölkerung aufkeimende Widerstand gegen den Mauerbau schnell zusammengebrochen war, glaubte Ulbricht, dass nun eine Liberalisierung der DDR möglich wäre. Die Veränderungen machten sich zuerst in der Jugend- und Kulturpolitik bemerkbar. Im Dezember 1962 wandte sich der 1. Sekretär der FDJ öffentlich gegen die Absicht, aus

[1] Vgl. Monika Kaiser: Machtwechsel von Ulbricht zu Honecker, Berlin 1997, S. 11 und 21 f.

94

den Jugendlichen der DDR «spießbürgerliche Muster-knaben» zu machen. Die Forderung der Jugend nach moderner Tanzmusik fand plötzlich Gehör, und es war nicht länger verboten, «Twist» zu tanzen. Junge kritische Schriftsteller, wie etwa Wolf Biermann, konnten vor überfüllten Auditorien aus ihren Werken vorlesen, Filme wie «Der geteilte Himmel» nach dem Roman von Christa Wolf erregten internationales Aufsehen.

Wichtiger als die kultur- und jugendpolitische Liberalisierung, hinter der überwiegend taktische Motive standen, war allerdings die ebenfalls von Ulbricht initiierte Wirtschaftsreform, die im Juni 1963 als «Neues Ökonomisches System der Planung und Leitung» verkündet wurde. Das «NÖSPL» oder «NÖS», wie es kurz genannt wurde, war eine zaghafte, aber in letzter Konsequenz doch grundsätzliche Absage an die zentralistische Planwirtschaft als ökonomisches Allheilmittel. Besonders in den unteren Ebenen sollten marktwirtschaftliche Prinzipien, sprachlich als «ökonomische Hebel» getarnt, an die Stelle des Plans treten. Die Betriebe erhielten in Bezug auf Material- und Kreditbeschaffung sowie in Fragen der Preisgestaltung größere Vollmachten. Über Prämien und ein differenzierteres Lohngefüge sollten zudem materielle Anreize geschaffen werden, um auch die Arbeiter zu höheren Leistungen anzuspornen.

Erich Honecker stand den Veränderungen in der Sache vermutlich gleichgültig gegenüber. Alarmierend musste es für ihn aber sein, dass die inhaltliche Reform mit personellen Umbesetzungen verbunden war. Ulbricht war bestrebt, Entscheidungskompetenzen aus dem alten Parteiapparat herauszulösen und sie auf Kommissionen zu übertragen, in denen auch externe Experten tätig waren. Unter Missachtung der Aufstiegswünsche vieler altgedienter Parteikader kamen so einige fachlich versierte Seiteneinsteiger in Führungspositionen. Im Bereich der Wirtschaftspolitik waren dies vor allem Erich Apel, der kurz vor dem Mauerbau Kandidat des Politbüros geworden und 1963 zum Vorsitzenden der Staatlichen Plankommission aufgerückt war, und Günter Mittag, der als einer der engsten Vertrauten Apels galt und 1963 Kandidat des Politbüros wurde. Ob Honecker in Erich Apel schon sehr früh einen unmittelbaren Konkurrenten um die Macht sah, ist bis heute nicht nachgewiesen und auch nicht wahrscheinlich, denn Apel hatte keine untadelige Vergangenheit: Während des Zweiten Weltkrieges war er Mitarbeiter des legendären Raketenforschers Wernher von Braun gewesen – eine Tatsache, die er nie verschwiegen hatte, die aber dafür sorgte, dass sowjetische Gesprächspartner ihm gegenüber nicht ganz unvoreingenommen waren, und die einen Aufstieg ins höchste Parteiamt sicher verhindert hätte.

Ein erstes Warnsignal musste für Honecker aber gewesen sein, dass Walter Ulbricht im Juli 1963 Honeckers Urlaubszeit dazu nutzte, einen neuen Leiter der Jugendkommission beim Politbüro einzusetzen und Honeckers Vertrauten Paul Verner damit de facto zu entmachten. Der neue Mann hieß Kurt Turba, von 1950 bis 1953 war er unter Honecker Abteilungsleiter im FDJ-Zentralrat gewesen, doch nach dem 17. Juni 1953 hatte Honecker ihn aufgrund seiner politischen Haltung und seiner bürgerlichen Herkunft als nicht länger tragbar angesehen und aus dem Zentralrat entfernt.[2]

[2] Vgl. Monika Kaiser: Machtwechsel von Ulbricht zu Honecker, Berlin 1997, S. 145–147.

Die mit der Ernennung Turbas verbundenen Macht-einbußen wollte Honecker auf keinen Fall hinnehmen. Eine offene Rebellion kam allerdings nicht infrage. Ulbricht saß so fest im Sattel wie nie zuvor. Aber in dieser Situation kam Honecker die Entwicklung in der Sowjetunion zugute. Auch dort hatte Chruschtschow nach dem XXII. Parteitag der KPdSU 1961 ein kultur-politisches Tauwetter initiiert, das die zaghafte Liberalisierung in der DDR übertraf. Zudem hatte er gewisse wirtschaftspolitische Experimente gestartet, die allerdings deutlich hinter den Reformvorstellungen Walter Ulbrichts und Erich Apels zurückblieben. In den Jahren 1961 bis 1963 gab es also eine gewisse Parallelität bei den Reformen in der Sowjetunion und in der DDR – doch ab 1964 mehrten sich die Anzeichen, dass Chruschtschows Stern am Sinken war. Der Verlust außenpolitischen Prestiges in der Kubakrise, der Zerfall des Weltkommunismus in zwei Lager – das chinesische und das sowjetische – sowie innenpolitische Misserfolge führten dazu, dass sich im Politbüro der KPdSU eine Opposition zu formieren begann. Es war Honecker, der die Zeichen des bevorstehenden Machtwechsels früher und deutlicher wahrnahm als sein alter Lehrmeister Ulbricht. Ulbricht merkte lediglich, dass er in der Sowjetunion mit seinen wirtschaftspolitischen Plänen auf einmal auf Widerstand stieß – hoffte aber noch, diese Widerstände in einem persönlichen Gespräch überwinden zu können.

Die Gelegenheit zu einer solchen Aussprache sollte der 15. Jahrestag der DDR bringen, den die DDR am 7. Oktober 1964 beging. Aus der Sowjetunion war eine Delegation angereist, der als ranghöchstes Mitglied Leonid Iljitsch Breschnew angehörte – in der Partei-

Mit Leonid Breschnew auf der Jagd, 1971

[3] Zeitzeugenaussage von Werner Eberlein, in: Fernsehdokumentation «Die Sekretäre» von Christian Klemke und Jan N. Lorenzen, Mitteldeutscher Rundfunk, 7. Oktober 1999.

hierarchie der zweite Mann hinter Chruschtschow. Ulbricht hatte ihn nach Döllnsee zum Abendessen eingeladen, um mit ihm ein klärendes Gespräch unter vier Augen zu führen. Breschnew hatte noch nicht einmal seinen Mantel abgelegt, da versuchte Ulbricht in seiner typisch schulmeisterlichen Art schon, ihn von den Vorzügen des NÖS zu überzeugen. Breschnew fühlte sich in die Enge getrieben, und es kam, wie es kommen musste: Nach dem Essen entschuldigte sich Breschnew mit dem Argument, ihm sei unwohl, er müsse sich hinlegen. Walter Ulbricht war empört. Er glaubte nicht, dass wirklich gesundheitliche Probleme ausschlaggebend für die frühe Beendigung des Abends waren, vielmehr vermutete er, Breschnew wolle einem Gespräch ausweichen.[3] Und damit hatte er nicht ganz Unrecht. In dieser Situation machte Ulbricht einen schweren Fehler. Da er selbst kein großer Jäger war, ließ er Honecker, der um diesen Dienst als «Ehrenbegleiter» gebeten hatte, am nächsten Morgen mit Breschnew zusammen auf die Jagd gehen.

«Die Episode ließ ahnen, wo die Sympathien und wo die Antipathien lagen», schrieb Werner Eberlein, der als Dolmetscher zugegen war, in seinen Memoiren.[4] Auf der Jagd kamen sich Honecker und Breschnew näher. Es war der Beginn einer Männerfreundschaft, die fast 20 Jahre halten sollte.

Wenige Tage später wurde Chruschtschow gestürzt, an die Spitze der KPdSU trat jetzt Leonid Breschnew. Kurz zuvor hatte er Honecker telefonisch über den bevorstehenden Putsch informiert – Ulbricht dagegen erfuhr es, wie die überraschte Weltöffentlichkeit, aus den Nachrichten.

Nach dem Sturz Chruschtschows hätte auch Ulbricht erkennen müssen, dass seine Reformpläne kaum noch Zukunftsaussichten hatten. Dass man in Zeiten eines Führungswechsels in der Sowjetunion vorsichtig taktieren musste und nicht unüberlegt handeln durfte, wusste er eigentlich selbst am besten, aber es fiel ihm schwer, den 13 Jahre jüngeren neuen Machthaber im Kreml als Autorität anzuerkennen. Verbissen, fast starrsinnig, hielt er an seinen Plänen fest – und sah tatenlos mit an, wie Honecker und seine Mitstreiter im Parteiapparat verlorenes Terrain zurückgewannen.

Am 8. und 9. Juli 1965 kam es auf der Insel Vilm zu einer dramatischen Beratung, die für die Reformpläne Ulbrichts den ersten Rückschlag bringen sollte. Die Insel Vilm, im Greifswalder Bodden an der Südküste Rügens gelegen, war Sperrgebiet, vergleichbar mit der Funktionärssiedlung Wandlitz; hier konnten Politbüromitglieder und andere hohe Funktionäre ungestört Urlaub machen. Als Ort für eine Klausurtagung war Vilm mit seiner Ruhe und Abgeschiedenheit geradezu ideal

[4] Werner Eberlein: Geboren am 9. November, Berlin 2000, S. 333.

– und die Reformgegner um Erich Honecker hatten sich perfekt vorbereitet. An Ulbricht selbst trauten sie sich noch nicht heran. Aber mit verteilten Rollen griffen sie die Arbeit der Staatlichen Plankommission an: Die für das NÖS so wichtige Bilanzierungsmethode habe versagt, der ganze Prozess sei außer Kontrolle geraten. Der Chef der Staatlichen Plankommission, Erich Apel, ein an Erfolg gewöhnter Manager, war tief getroffen – nicht zuletzt, weil sein Förderer Walter Ulbricht sich so verhielt, wie er es immer tat, wenn er glaubte, dass seine Autorität als Erster Sekretär nicht ausreichen würde, sich durchzusetzen: Er ging auf Distanz zu Apel; schlimmer noch, er setzte sich an die Spitze der Kritiker. Honecker dagegen hielt sich in der Diskussion taktisch geschickt zurück. Er konnte abwarten und zusehen – seine Zeit war noch nicht gekommen. Noch sollte nicht deutlich werden, dass er es war, der hinter den Kulissen die Fäden zog.[5]

Entschieden wurde auf Vilm noch nichts. Die große Auseinandersetzung über den wirtschaftlichen Kurs wurde auf eine ZK-Tagung verschoben, die im Dezember in Berlin stattfinden sollte. Doch Erich Apel schien bereits jetzt «zum Abschuss freigegeben». Viele Mitarbeiter im Zentralkomitee griffen ihn direkt an oder mieden lieber ganz den Kontakt mit ihm. Schließlich wurde der Druck unerträglich. Am 3. Dezember 1965, wenige Tage vor Beginn der 11. ZK-Tagung, erschoss Apel sich in seinem Arbeitszimmer im Haus der Ministerien mit seiner Dienstpistole. Der genaue Tathergang konnte nie geklärt werden. Auch Gerüchte, es habe sich um Mord gehandelt, sind nie verstummt – wahrscheinlicher aber ist, dass ein Gefühl aus «ohnmächtigem Ausgeliefertsein und bitterer

[5] Vgl. Gerhard Schürer: Gewagt und verloren, Berlin 1998, S. 69.

Einsamkeit» Apel in den Freitod trieb, wie die Historikerin Monika Kaiser resümierte.[6]

Der Tod Erich Apels hatte weit reichende Folgen. Die auf der 11. ZK-Tagung anstehende Abrechnung mit der Wirtschaftspolitik musste auf unbestimmte Zeit verschoben werden – mit Erich Apel fehlte die Zielscheibe für Kritik. Kurzfristig wurde daher das Thema der Tagung geändert. Nun sollte es vor allem um die Kultur- und Jugendpolitik gehen. Auch hier schwelten seit einiger Zeit die Meinungsverschiedenheiten zwischen Ulbricht und Honecker – oder besser gesagt, zwischen Ulbricht und dem Parteiapparat, zu dessen Sprecher Honecker sich gemacht hatte. Und so wie die Tagung auf Vilm der erste Schlag gegen die wirtschaftlichen Reformen gewesen war, so schlug der Parteiapparat jetzt in Fragen der jugend- und kulturpolitischen Liberalisierung zurück. Entscheidende Signale waren auch in diesem Fall aus Moskau gekommen, und wieder war es Honecker und nicht Ulbricht gewesen, der sie schneller und vor allem bereitwilliger aufnahm. Ulbricht war in der Defensive. Seit Anfang 1964 sah er sich gezwungen, die Rückendeckung für kritische Künstler und Intellektuelle nach und nach aufzugeben. Erstes Opfer war der Berliner Philosophieprofessor Robert Havemann, der im März 1964 aus der SED ausgeschlossen wurde und auch seine Professur an der Berliner Humboldt-Universität verlor. In den nächsten Monaten gab es weitere Vorboten eines bevorstehenden Kurswechsels. Die große Abrechnung erfolgte aber im Dezember 1965 auf der ZK-Tagung, die eigentlich dem wirtschaftspolitischen Kurs hätte gewidmet sein sollen. Als «Kahlschlag-Plenum» ist diese Tagung in die Geschichte eingegan-

[6] Monika Kaiser: Machtwechsel von Ulbricht zu Honecker, Berlin 1997, S. 105.

gen. In nichtöffentlicher Sitzung trug Erich Honecker den Bericht des Politbüros vor, der zu einem Generalangriff gegen «schädliche Tendenzen» in Filmen, Theaterstücken, literarischen Arbeiten und Fernsehsendungen wurde. Honecker forderte eine «saubere Leinwand», um die Bevölkerung vor «Skeptizismus und Unmoral» zu schützen: «Unsere DDR ist ein sauberer Staat. In ihr gibt es unverrückbare Maßstäbe der Ethik und Moral, des Anstands und der guten Sitten.» Auch die FDJ sparte Honecker bei seiner Kritik nicht aus. Sie habe die «marxistisch-leninistische Schulung» der Jugend vernachlässigt.[7]

Vor allem in Fragen der Jugendpolitik versuchte Ulbricht am ersten Tag des Plenums noch gegenzusteuern, aber als er merkte, dass fast die gesamte versammelte Parteielite zu Honecker hielt, wechselte er die Fronten. Dies fiel ihm umso leichter, als es Erich Honecker und die anderen Diskussionsredner wie schon auf Vilm sorgfältig vermieden hatten, Ulbricht persönlich anzugreifen: Die unteren Instanzen seien schuld, insbesondere die von Kurt Turba geleitete Jugendkommission. Als das 11. Plenum nach drei Tagen zu Ende ging, waren alle Anfang der sechziger Jahre eingeleiteten Liberalisierungstendenzen zunichte gemacht.[8]

Es ist eigentlich nur eine Fußnote wert, zu erwähnen, dass es Honecker einen Monat später auch gelang, Kurt Turba als Vorsitzenden der Jugendkommission beim Politbüro abzusetzen. Wie dies vor sich ging, ist allerdings höchst interessant und nahezu beispielhaft für den Umgang mit Parteikadern, die plötzlich und unverschuldet zu «Abweichlern» geworden waren: Kurze Zeit nach dem 11. Plenum nahm Ho

[7] Erich Honecker: Bericht des Politbüros an die 11. Tagung des ZK der SED, Berlin (Ost) 1966, S. 56.
[8] Monika Kaiser: Machtwechsel von Ulbricht zu Honecker, Berlin 1997, S. 200–231, bes. S. 214.

necker mit dem Gestus eines väterlichen Freundes Turba beiseite und sagte zu ihm:» Du, Kurt, das Plenum ist wohl ein bissel zu schroff mit dir umgegangen. Nimm es nicht so tragisch.» Honecker gab Turba eine Reihe von Empfehlungen, wie er auf den richtigen Weg zurückfinden könne – doch der wollte dem Reformkurs und seinen eigenen Überzeugungen nicht abschwören. Auf einer der nächsten Parteiaktivtagungen begann er seinen Vortrag mit den Worten: «Das Plenum hat mir psychisch und physisch Bauchschmerzen verursacht, weil ich es nicht verstehe.» Sofort fiel ihm Honecker ins Wort: «Genosse Turba, sage uns lieber, warum du die Jugend gegen die Leiter aufgehetzt hast.» Jetzt reagierte Turba empört: «So nicht, Erich!», konterte er und fuhr mit seinem Vortrag fort. Honecker war perplex – doch dann zeigte die Reaktion des Auditoriums ganz deutlich die Machtverhältnisse. Nur ein Drittel der ZK-Mitglieder zollte Turba Beifall, zwei Drittel reagierten mit eisigem Schweigen. Auf dem Weg zurück zu seinem Platz musste Turba an Lotte Ulbricht, der Ehefrau Walter Ulbrichts, vorbei, die ihn anherrschte: «Du hast nichts begriffen.» – Mit Turbas offenem Widerspruch war sein Schicksal entschieden. Die ihm jetzt abverlangte Selbstkritik reichte nicht mehr; sie sollte wohl auch nicht mehr reichen. Am 27. Januar wurde er noch einmal vor das von Honecker geleitete Sekretariat des ZK geladen. Doch noch immer wollte Turba nicht klein beigeben. Mit Hilfe der vielen Aktenbände voller Anweisungen von Walter Ulbricht wolle er beweisen, dass er nicht gegen die Parteilinie verstoßen habe, kündigte er an und machte sich auf den Weg in sein Arbeitszimmer. Er war kaum angekommen, da standen schon zwei

Mitarbeiter der Staatssicherheit in seinem Büro, die die entsprechenden Aktenordner kurzerhand beschlagnahmten. Die Angelegenheit sei damit erledigt, erklärten sie, Turba solle sich in der Kaderabteilung seine Papiere abholen und eine neue Arbeitsstelle nachweisen lassen. Erst 1990 wurde er von einer Schiedskommission der PDS rehabilitiert.[9]

Der Sieg Honeckers war also vollständig. Im Gegensatz zur kulturpolitischen Liberalisierung, die durch das 11. Plenum abrupt beendet wurde, lebte das NÖS in veränderter Form noch einige Jahre weiter. Ab 1967 hieß es auch nicht mehr NÖS, sondern «Ökonomisches System des Sozialismus» oder kurz «ÖSS», aber die alte Dynamik war längst dahin. Und Ulbricht? Scheinbar unbeschadet war er aus den Auseinandersetzungen hervorgegangen, nach außen wurde weiter Eintracht signalisiert. Auf dem VII. Parteitag der SED im April 1967 wurde er gefeiert wie ein großer Diktator. Erich Honecker brüllte geradezu ins Mikrophon, als er die Wahl zum Ersten Sekretär bekannt gab: «Ich darf den Delegierten und Gästen unseres VII. Parteitages mitteilen, dass auf der konstituierenden Sitzung des Zentralkomitees unser hochverehrter Genosse Walter Ulbricht zum 1. Sekretär des Zentralkomitees gewählt wurde.» Als er fortfuhr, kippte seine Stimme über: «Ich brauche wohl nicht zu betonen, dass diese Wahl einstimmig erfolgt ist.» Sofort setzte donnernder Beifall ein, der in ein vielfaches «hoch, hoch, hoch» überging – es war der Höhepunkt des Personenkultes um Walter Ulbricht, den niemand so sehr anheizte wie Erich Honecker.[10]

Vielleicht waren es diese öffentlichen Huldigungen, die verhinderten, dass Ulbricht die Intrige gegen

[9] Zit. n. Monika Kaiser: Machtwechsel von Ulbricht zu Honecker, Berlin 1997, S. 222–224.
[10] Zit. n. Fernsehdokumentation «Die Sekretäre» von Christian Klemke und Jan N. Lorenzen, Mitteldeutscher Rundfunk, 7. Oktober 1999.

ihn rechtzeitig wahrnahm. Sein Vertrauen in Honecker schien ungebrochen. Immer häufiger zog er sich auf seine Sommerresidenz zurück und überließ Honecker die praktische Arbeit. Die Zeit war nicht spurlos an ihm vorübergegangen – er war bereits über siebzig –, und so langsam stellte sich auch ein gewisser Altersstarrsinn bei ihm ein. Er wollte einfach keine Rücksicht mehr nehmen auf eine Partei, die er zunehmend als Behinderung empfand bei der Durchsetzung seiner Reformpläne. Selbst seine engsten Mitarbeiter verstimmte er, indem er ständig auf sie einredete und kaum noch zuhörte.

Nach dem faktischen Scheitern der NÖS war es nun die wissenschaftlich-technische Revolution, die er voranbringen wollte. Kybernetik hieß das Zauberwort, das Allheilmittel für die DDR-Wirtschaft. «In den letzten Jahren seines Lebens wurde Ulbricht sehr schwierig», erinnerte sich Manfred Gerlach, damals stellvertretender Staatsratsvorsitzender. Manche Staatsratssitzung sei im Begriffswirrwarr von kybernetischen Regelsystemen, Netzwerken und Prognosen untergegangen, und man habe gar nicht mehr erkennen können, ob nun eigentlich der Sozialismus oder die Kybernetik aufgebaut werden solle.[11]

Wie Manfred Gerlach ging es vielen im Staats- und Parteiapparat. Sie konnten Ulbricht nicht mehr folgen. Als sie sahen, wie Honecker immer mehr Macht auf sich konzentrierte, erfüllte sie die Hoffnung, dass er Ulbricht eines Tages ablösen würde. Seit den parteiinternen Auseinandersetzungen der Jahre 1957/58 hatte niemand mehr gewagt, Ulbricht direkt anzugreifen, aber jetzt erkannte Honecker seine Chance. Schon lange saß er an den entscheidenden Hebeln der

[11] Manfred Gerlach: Mitverantwortlich, Berlin 1991, S. 123 f.; vgl. Zeitzeugenaussage von Manfred Gerlach, in: Fernsehdokumentation «Die Sekretäre» von Christian Klemke und Jan N. Lorenzen, Mitteldeutscher Rundfunk, 7. Oktober 1999.

Macht. Ulbricht selbst hatte ihm immer mehr Verantwortungsbereiche übertragen. Er bestimmte die Personalpolitik der Partei. Alle Vorlagen oder Schreiben an den Ersten Sekretär passierten seinen Schreibtisch. Und vor allem: Er hatte den fast exklusiven Zugang zu Leonid Breschnew. Kurz gesagt, er war in der Position, von der aus Ulbricht in den vierziger und fünfziger Jahren die Partei kontrolliert und die DDR regiert hatte. Jetzt musste Honecker nur noch lernen, seine Macht zu gebrauchen. Nicht hastig und ungestüm wie Herrnstadt und Schirdewan in den fünfziger Jahren, sondern überlegt und behutsam setzte er nun alles ein, was er im Laufe der Jahre von Ulbricht gelernt hatte. Geschickt platzierte er ihm ergebene Kader in Schlüsselstellungen des Parteiapparats. Wichtige Informationen begann er Ulbricht vorzuenthalten, und es gelang ihm sogar, Anhänger der wirtschaftlichen Reformpolitik Ulbrichts, wie Gerhard Schürer oder Günter Mittag, allmählich auf seine Seite zu ziehen. Im Falle Günter Mittags bedurfte es allerdings einer handfesten Drohung. Erich Honecker habe Mittag auf seiner Jagdhütte vor die Alternative gestellt, entweder mit Ulbricht zu brechen oder aus dem Politbüro auszuscheiden, erinnerte sich das spätere Politbüromitglied Werner Krolikowski: «GM hatte sich danach für EH entschieden, aber noch scheinheilig in der letzten Periode, wo Ulbricht 1. Sekretär des ZK war, demselben weiter zur Seite gestanden.»[12]

Viele treue Gefolgsleute hatte Ulbricht damit schon verloren. Und Honecker konnte sich auf den Rückhalt in der Partei verlassen, sodass er jetzt begann, Ulbricht direkt zu widersprechen. Immer öfter trat er erkennbar als Wortführer gegen dessen politischen Kurs

[12] Notiz Werner Krolikowskis «Über das Verhältnis von Erich Honecker und Günter Mittag» vom 12. November 1980, Zit. n. Peter Przybylski: Tatort Politbüro, Band 2, Berlin 1992, S. 353–357 (356).

in Erscheinung. War es in den vorhergehenden Jahren mehr darum gegangen, Ulbrichts Autorität zu schwächen, so begann Honecker nun, ihn gezielt zu demontieren. Das Gebiet, das in den nun folgenden drei Jahren zum wichtigsten Medium des Machtkampfes wurde, war die Deutschlandpolitik. Bereits 1966 hatten sich in der Bundesrepublik weitreichende Veränderungen angekündigt: Im Herbst 1966 zerbrach die Koalition aus CDU/CSU und FDP, an ihre Stelle trat eine große Koalition aus CDU/CSU und SPD. Außenminister wurde Willy Brandt, der im Gegensatz zur bisherigen Bundesregierung die Meinung vertrat, die deutsche Teilung könne nicht durch bloßes Ignorieren und Isolieren der DDR überwunden werden, sondern nur durch direkte Gespräche und einen langsamen «Wandel durch Annäherung». Zunächst musste er bei dieser Politik große Rücksicht auf seinen Koalitionspartner CDU/CSU nehmen, aber als er drei Jahre später mit der SPD die Bundestagswahl gewann und in einer SPD/FDP-Koalition zum Bundeskanzler gewählt wurde, war er weitgehend frei von diesen Zwängen.

Die SED-Führung war in ihrer Haltung zur Regierung Willy Brandts von Anfang an gespalten. Während Walter Ulbricht dafür plädierte, den Gesprächsfaden aufzunehmen, wies Erich Honecker auf die innenpolitischen Risiken eines Annäherungsprozesses zwischen der DDR und der Bundesrepublik hin; während der Wechsel von der großen Koalition zur SPD-geführten Regierung von Walter Ulbricht als «Machtwechsel» bezeichnet wurde, war es für Honecker lediglich ein «Regierungswechsel», der nichts am grundsätzlichen Charakter des westdeutschen

Staates änderte. Die angesichts dieser Meinungsverschiedenheiten geführten Auseinandersetzungen liefen nach dem gleichen Schema ab, nach welchem bereits die Konflikte über den wirtschaftspolitischen und den kulturpolitischen Kurs abgelaufen waren: Ulbricht trat als altersweiser Pragmatiker, Honecker als verstockter Dogmatiker auf – und wieder war es Honecker, der sich in Übereinstimmung mit der sowjetischen Position wusste.

Es lohnt sich also kaum, den deutschlandpolitischen Konflikt detailliert nachzuzeichnen – aber ein Ereignis im Nachbarland Tschechoslowakei verlieh der Auseinandersetzung eine Brisanz, die ausschlaggebend dafür war, dass sich die Sowjetunion weitaus stärker zugunsten Honeckers engagierte als zuvor. Im März 1968 hatte die neue tschechoslowakische Partei- und Staatsführung mit Alexander Dubcek an der Spitze unter dem Schlagwort «Sozialismus mit menschlichem Antlitz» Reformen eingeleitet, die schnell eine Eigendynamik entwickelten und nach kurzer Zeit das sozialistische Herrschaftssystem überhaupt infrage stellten. In der Nacht vom 20. auf den 21. August 1968 kam es daraufhin zur militärischen Intervention der Truppen des Warschauer Paktes. Es war diese Katastrophe im eigenen Machtbereich, die Breschnew noch anderthalb Jahre später gegenüber der von Ulbricht beabsichtigten Annäherung an die westdeutsche Sozialdemokratie vorsichtig werden ließ. Nur unter starken inhaltlichen Auflagen gab er überhaupt seine Erlaubnis zum ersten deutsch-deutschen Gipfeltreffen, das am 19. März 1970 im thüringischen Erfurt stattfinden sollte. Aus Statusgründen war es nicht Ulbricht, der sich an diesem Tag mit Bundeskanzler Willy Brandt traf, sondern der Vorsitzende des Ministerrates der DDR, Willi Stoph. Inhaltlich blieb das Gespräch zwischen Stoph und Brandt ergebnislos, aber die Begleitumstände des Treffens waren Aufsehen erregend. Etwa 2000 Erfurtern war es gelungen, die Absperrungen auf dem Bahnhofsvorplatz zu durchbrechen. Vor dem Hotel Willy Brandts forderten etwa 300 bis 400 von ihnen mit «Willy-Willy»-Rufen, der Bundeskanzler möge sich am Fenster zeigen – offensichtlich hatte die Sicherheitskonzeption der Einsatzkräfte versagt. Die anwesenden SED-Agitatoren und Zivilbeamten der Staatssicherheit konnten nichts weiter tun, als den verheerenden Eindruck abzumildern, indem sie nun ihrerseits Willi Stoph hochleben ließen.

In ihrem Buch über den Machtwechsel von Ulbricht zu Honecker legt die Historikerin Monika Kaiser die Vermutung nahe, dass die Vorkommnisse auf dem Erfurter Bahnhofsvorplatz von der Staatssicherheit absichtlich nicht unterbunden wurden, um den Dialog-Gegnern im Politbüro Argumente für ihre harte Linie zu liefern. Die praktische Umsetzung des Sicherheitskonzeptes für den Besuch Willy Brandts offenbare so großen Dilettantismus und so viele Fehlentscheidungen der Einsatzleitung, dass man «unweigerlich misstrauisch» werde. Selbst spricht die Autorin es nicht direkt aus, aber alle Indizien, die sie ausbreitet, laufen auf die These hinaus, es sei Erich Honecker in seiner Eigenschaft als ZK-Sekretär für Sicherheitsfragen gewesen, der hinter den Kulissen und ganz in seinem Sinne Regie geführt habe.[13] In letzter Konsequenz zu beweisen ist diese These nicht – aber willkommen war der Zwischenfall von Erfurt den «Sicherheitsfanatikern» um Honecker in jedem Fall.[14]

[13] Monika Kaiser: Machtwechsel von Ulbricht zu Honecker, Berlin 1997, S. 358.
[14] Monika Kaiser: Machtwechsel von Ulbricht zu Honecker, Berlin 1997, S. 358.

Noch genauer als vorher schaute die sowjetische Führung ihren ostdeutschen Kollegen von nun an auf die Finger. Beim zweiten Treffen zwischen Brandt und Stoph zwei Monate später in Kassel war Ulbricht faktisch kaltgestellt. Er hielt sich zur Kur in der Sowjetunion auf, während Honecker aus dem Hintergrund den Verlauf des Treffens steuerte. Als Vorbedingung für weitere Gespräche forderte Stoph von Brandt verabredungsgemäß die völkerrechtliche Anerkennung der DDR; «innerdeutsche» Verhandlungen solle es nicht mehr geben. Dies wiederum war für Brandt eine unannehmbare Forderung – der kurze deutsch-deutsche Dialog kam zum Erliegen.

Jetzt ging der Machtkampf in seine entscheidende Phase. In allen wichtigen Sachfragen und Auseinandersetzungen hatte Honecker sich in den letzten Jahren gegen Ulbricht durchgesetzt. Nun ging es nur noch um den Posten des Ersten Sekretärs. Plötzlich, als wären ihm die Augen geöffnet worden, erkannte Ulbricht die Gefahr, die von Honecker ausging. Und noch einmal zeigten sich für eine kurze Zeit seine großen machtstrategischen Fähigkeiten. Er wartete ruhig auf einen Moment, in dem der sowjetische Botschafter Abrassimow nicht in der DDR war, sondern einige Tage in Moskau zu tun hatte. Völlig unvorhergesehen beraumte er dann für den 1. Juli eine Politbürositzung an und setzte Honecker kurzerhand ab. Honecker war in seiner Überraschung wehrlos. Auch die anderen Politbüromitglieder wagten nicht zu widersprechen. Noch war Ulbricht der erste Mann im Staat. Honecker blieb nur der Weg in die sowjetische Botschaft, allein Abrassimow konnte ihm jetzt noch helfen.

Was dann passierte, offenbarte nicht nur, wie sehr

Honecker von der Führung in Moskau bereits als Nachfolger Ulbrichts betrachtet wurde, sondern auch, wie groß der Einfluss der sowjetischen Freunde in der DDR überhaupt war. In Abwesenheit von Abrassimow nahm sich dessen persönlicher Mitarbeiter Honeckers an. Auch er erkannte die Dringlichkeit der Situation und rief sofort seinen Vorgesetzten an. In der Erinnerung von Abrassimow klang die Geschichte dann so: «Ich wurde also mitten aus einer Sitzung zum Telefon gerufen. Dort meldet sich Tarassow, mein persönlicher Mitarbeiter. Auf meine Frage, was denn passiert sei, sagt er: ‹Ja, wissen Sie, in Ihrem Arbeitszimmer sitzt zur Zeit Honecker. Er ist völlig verzweifelt und niedergeschlagen. Honecker erzählt, dass eine Sitzung des Politbüros stattgefunden hat, auf der man beschlossen habe, ihn vom Posten des 2. Sekretärs der SED abzulösen und auf Parteischule zu schicken. Honecker bittet Sie, Pjotr Abrassimow, die Führung der Partei darüber zu informieren.›» [15] Unverzüglich informierte Abrassimow Breschnew. Der zögerte keine Sekunde – und schickte seinen Botschafter sofort zurück in die DDR. Noch am selben Abend besuchte Abrassimow Ulbricht in dessen Sommerresidenz. «Auf meine Frage, was denn passiert sei, hat sich Ulbricht erst einmal unwissend gestellt», schildert Abrassimow die abendliche Auseinandersetzung. «‹Sie haben Honecker seines Postens enthoben, und Honecker ist für uns ja keine unbedeutende Person, keiner, der uns fremd ist.›» Nur kurz versuchte Walter Ulbricht seine Entscheidung zu rechtfertigen. Honecker sei als Kommunist ein «grüner Junge», der noch viel lernen müsse, entgegnete er Abrassimow. «Und was ist mit der Akademie, die er an Ihrer Seite

[15] Zit. n. Monika Kaiser: Machtwechsel von Ulbricht zu Honecker, Berlin 1997, S. 373–374 / Fernsehdokumentation «Die Sekretäre», Mitteldeutscher Rundfunk, 7. Oktober 1999.

und unter Ihrer Leitung absolviert hat?», fiel Abrassimow ihm daraufhin ins Wort – und ohne eine Antwort abzuwarten, fuhr er fort: «Genosse Ulbricht, ich bitte Sie um eines, Sie holen das Politbüro zusammen und richten alles wieder so her, wie es war.»[16] Ulbricht wusste, dass Abrassimows Wunsch in Wirklichkeit ein Befehl Breschnews war. Es blieb ihm keine Wahl. Weniger als eine Woche hatte die Absetzung Honeckers Bestand. Bei der Politbürositzung am 7. Juli wurde er als Stellvertreter Ulbrichts wieder eingesetzt.

Die Wirkung der Absetzung und Wiedereinsetzung Honeckers auf die anderen Politbüromitglieder kann gar nicht hoch genug eingeschätzt werden. Dass Ulbrichts jahrzehntelang unangefochtene Autorität allmählich im Schwinden begriffen war, hatten sie wohl alle schon bemerkt. Doch jetzt war der Machtkampf offen ausgebrochen. Und es war deutlich geworden, dass Honecker die Rückendeckung aus Moskau hatte. Ulbrichts Absetzung war nur noch eine Frage der Zeit. Doch Honecker wollte nicht mehr länger warten. Es galt, die Schwäche Ulbrichts auszunutzen. Auch das hatte Honecker bei den vorherigen Machtkämpfen im Politbüro gelernt. Zu lange hatten Herrnstadt 1953 und Schirdewan 1957 mit dem entscheidenden Stoß gewartet, die Schwächephasen Ulbrichts hatten sie nie konsequent und kaltblütig ausgenutzt. Honecker wusste, dass er schnell und entschlossen handeln musste und dass er starke Verbündete brauchte. Der Sommerurlaub auf der Krim sollte Gelegenheit geben, mit Breschnew wieder einmal unter vier Augen zu reden. So ein Treffen im Urlaub auf der Krim war fast die einzige Möglichkeit, sich einmal ohne die Floskeln von «brüderlicher Zusammenarbeit und Hilfe» zu

[16] Zit. n. Monika Kaiser: Machtwechsel von Ulbricht zu Honecker, Berlin 1997, S. 373–374 / Vgl. die etwas andere Übersetzung der Zeitzeugenaussage von Pjotr Abrassimow in: Fernsehdokumentation «Die Sekretäre» von Christian Klemke und Jan N. Lorenzen, Mitteldeutscher Rundfunk, 7. Oktober 1999.

unterhalten. Es war zudem Breschnews bevorzugter Mechanismus, um das weitgehend verborgene Geflecht aus nicht institutionell verankerten Machthierarchien und Abhängigkeiten zu pflegen und zu erhalten. Verschiedene Partei- und Staatsführer aus den Ostblockstaaten wurden daher jeden Sommer zu ihm gebeten. Alles wurde sorgfältig arrangiert, beide Seiten hatten sich in der Regel gründlich vorbereitet. Es sollte nur so aussehen, als wäre man sich zufällig im Urlaub begegnet. Das Treffen zwischen Honecker und Breschnew im Sommer 1970 hatte Pjotr Abrassimow arrangiert. Doch es kam anders als geplant. Breschnew erkrankte plötzlich und musste sich in Moskau einer Operation unterziehen. Das für den 26. Juli angesetzte Gespräch mit Honecker musste ausfallen. Aber zwei Tage nach der Operation, am 28. Juli, stand Honecker im Moskauer Regierungskrankenhaus bereits an Breschnews Krankenbett. Ob Honecker so sehr drängte oder ob es Breschnew so wichtig war, mit Honecker zu reden, ist nicht bekannt. Und auch der Inhalt des Gesprächs ist nur durch ein von Honecker selbst verfertigtes Protokoll überliefert, in dem lediglich Breschnews Ausführungen festgehalten sind. Honeckers Reaktionen, seine Fragen und Wünsche können nur indirekt rekonstruiert werden: «Du kannst mir glauben, Erich, die Lage, wie sie sich bei euch so unerwartet entwickelt hat, hat mich tief beunruhigt», begann Breschnew das Gespräch, um gleich zu versichern: «Auf irgendwelche Schritte von Walter, die die Einheit des PB, die Einheit der SED betreffen, werden wir von uns aus entsprechend reagieren. Es wird auch ihm nicht möglich sein, an uns vorbeizuregieren.» Das war wohl noch ganz nach

Honeckers Geschmack, doch sein eigentlicher Wunsch, grünes Licht für die Absetzung Ulbrichts zu erhalten, blieb unerfüllt: «Sprechen wir offen als Kommunisten», führte Breschnew weiter aus, «Walter hat Verdienste. Aber er ist alt. In zwei, drei Jahren kann er sowieso nicht mehr die Partei leiten. Es ist schon jetzt so, dass sich die Dinge in deiner Hand konzentrieren. Um es offen zu sagen, wir sind auch unter Berücksichtigung der neuen Lage im Politbüro nicht dafür, Walter einfach auf die Seite zu schieben.» Und dann, etwas unvermittelt, aber überdeutlich, ein Hinweis, der direkt auf Honecker abzielte: «Erich, ich sage dir offen, vergiss das nie: Die DDR kann ohne uns – ohne die SU, ihre Macht und Stärke – nicht existieren. Ohne uns gibt es keine DDR.»[17] So weit das Protokoll – doch was bedeutete das im Klartext? Wozu der eigentlich überflüssige Hinweis auf die Macht und Stärke der Sowjetunion? Wurden abseits des Protokolls noch zusätzliche Worte gewechselt, oder war Honecker von Pjotr Abrassimow über die Hintergründe von Breschnews Zögern unterrichtet worden? Wusste Honecker, dass verschiedene Mitglieder in der Führungsspitze der KPdSU ihn, Honecker, für unberechenbarer und weniger zuverlässig hielten als Walter Ulbricht, und vor einem Machtwechsel an der Spitze der SED so kurz nach der Krise in der Tschechoslowakei zurückschreckten?[18]

Als Honecker sich nach dem Gespräch mit Breschnew auf den Heimweg nach Berlin machte, konnte er nicht wirklich zufrieden sein. Doch zumindest wusste er jetzt, was zu tun war. Daran, dass Ulbricht in wenigen Jahren seine Macht freiwillig an ihn abgeben würde, glaubte er spätestens seit seiner eigenen Ab-

[17] Zit. n. Peter Przybylski: Tatort Politbüro, Reinbek 1992, S. 280–288 (282).
[18] Julij A. Kwizinskij: Vor dem Sturm, Berlin 1993, S. 255–256.

setzung nicht mehr – und daran konnte auch Breschnew nicht ernsthaft glauben. Und so sammelte er in den nächsten Monaten weiter seine Verbündeten um sich. Im Januar 1971 schließlich war die Intrige weit genug gediehen. Vermutlich zusammen mit seinem Vertrauten Werner Lamberz entwarf Honecker einen Brief, der Breschnew und die anderen sowjetischen Politbüromitglieder davon überzeugen sollte, dass es mit «dem Alten» so nicht mehr weiterginge, dass Ulbricht ein Sicherheitsrisiko geworden und seine Ablösung dringend nötig sei: «Wir können mit voller Verantwortung sagen, dass wir alles getan haben, um Genossen Walter Ulbricht zu helfen», hieß es darin, «wir schätzen auch seine Verdienste in der Vergangenheit hoch ein. Leider können wir nicht umhin, festzustellen, dass sich bei Genossen Walter Ulbricht in der letzten Zeit bestimmte negative Seiten seines auch ohnehin schwierigen Charakters immer mehr verstärken.» Weiter hieß es: «Aus vielen Bemerkungen und manchem Auftreten geht hervor, dass sich Genosse Walter Ulbricht gern auf einer Stufe mit Marx, Engels und Lenin sieht.» Am Ende des Briefes stand die direkte Aufforderung an Leonid Breschnew, die nötigen Konsequenzen zu ziehen: «Deshalb wäre es sehr wichtig und für uns eine unschätzbare Hilfe, wenn Genosse Leonid Iljitsch Breschnew in den nächsten Tagen mit Genossen Walter Ulbricht ein Gespräch führt, in dessen Ergebnis Genosse Walter Ulbricht von sich aus das Zentralkomitee ersucht, ihn aufgrund seines hohen Alters und seines Gesundheitszustandes von der Funktion des Ersten Sekretärs des Zentralkomitees der Sozialistischen Einheitspartei Deutschlands zu entbinden. Diese Frage sollte möglichst bald gelöst werden, das heißt unbedingt noch vor dem VIII. Parteitag der SED. Wir erwarten Ihre Antwort und Hilfe. Mit kommunistischem Gruß.»[19]

Dreizehn der zwanzig Politbüromitglieder hatten dieses Meisterwerk der Denunziation unterschrieben. Dies war wichtig, um zu dokumentieren, dass Honecker die Mehrheit der Politbüromitglieder hinter sich hatte. Auch vom todkranken Hermann Matern, der im Regierungskrankenhaus künstlich beatmet wurde, hatte Honecker – allerdings vergeblich – versucht, eine Unterschrift zu bekommen.

Doch Breschnew hatte keine Eile. Und so langsam bekam Honecker den Eindruck, er wolle sich vor dem entscheidenden Gespräch mit Walter Ulbricht drücken. Erst am 11. April 1971, am Rande des XXIV. Parteitages der KPdSU in Moskau, führte er dann, nachdem Honecker ihn noch mehrmals bedrängt hatte, zwei einzelne Gespräche – eines mit Ulbricht und eines mit Honecker. Bekannt geworden ist, durch die Aussage des anwesenden Dolmetschers, nur der Inhalt des Gespräches mit Honecker. Zu dem Treffen zwischen Ulbricht und Breschnew wurde ein anderer Dolmetscher hinzugezogen – vermutlich, weil Breschnew zwei inhaltlich unterschiedliche Gespräche führen wollte. Gegenüber Honecker gab Breschnew endlich seine Zustimmung zu der beabsichtigten Personalveränderung. Er bat Honecker aber, Ulbricht in der Funktion des Staatsratsvorsitzenden zu belassen und ihn zum Ehrenvorsitzenden der SED zu ernennen.[20] Nach diesem Gespräch musste Honecker davon ausgehen, dass Ulbricht nunmehr von sich aus seinen Rücktritt anbieten würde. Doch nichts dergleichen geschah. Hatte Breschnew sich in seinem Gespräch mit

[19] Zit. n. Norbert Podewin: Walter Ulbricht, Berlin 1995, S. 445–447.
[20] Werner Eberlein: Geboren am 9. November, Berlin 2000, S. 358.

Ulbricht nicht deutlich genug ausgedrückt? Oder hatte Ulbricht es mit seinem Rücktritt einfach nicht so eilig, wie Honecker es sich gewünscht hatte? Jedenfalls musste Breschnew noch einmal eingeschaltet werden. Ende April 1971 schickte Honecker seinen Vertrauten Werner Lamberz nach Moskau. Nicht mehr als drei oder vier Leute wussten von diesem Schritt. Wieder hatte Pjotr Abrassimow die entscheidenden Mittlerdienste geleistet. Lamberz sollte unbemerkt mit einer Militärmaschine der sowjetischen Streitkräfte nach Moskau geflogen werden. Um den Flug geheim zu halten, wurde ein Besuch von Lamberz im sowjetischen Hauptquartier in Wünsdorf inszeniert. Es hieß, er solle auf einem Truppenübungsplatz im Raum Magdeburg einen Vortrag halten. Damit die Konspiration gelingen konnte, musste selbst der Fahrer von Lamberz, ein Offizier der Staatssicherheit, getäuscht werden. Unter dem Vorwand, der Dienst-Tschaika sei für die Fahrt nicht robust genug, wurde er nach Hause geschickt. Ihm wurde gesagt, Genosse Lamberz werde am nächsten Tag von Wünsdorf nach Berlin zurückgebracht. Kaum hatte der lästige Zeuge das Militärgelände in Richtung Berlin verlassen, konnte die Operation beginnen. In großer Eile wurde Lamberz zum nahe gelegenen Militärflugplatz Sperenberg gebracht, wo eine zweimotorige Antonow bereits auf ihn wartete. Am nächsten Tag kam er aus Moskau zurück. Alles sei gut verlaufen, «die Entscheidung» sei gefallen,[21] teilte er den sowjetischen Freunden mit, die ihn in Wünsdorf erwarteten. Jetzt übernahm Honecker selbst die Initiative. Er wies seinen Personenschutz an, Maschinenpistolen mitzunehmen, und machte sich zu Ulbrichts Haus am Döllnsee auf. Dort

[21] Jurij Wassiljewitsch Bassistow: Dreimal Berlin, in: Berlin in Geschichte und Gegenwart. Jahrbuch des Landesarchivs Berlin, Berlin 1997, S. 85 f.

angekommen, berief er sich auf seine Weisungsbefugnis als ZK-Sekretär für Sicherheitsfragen, ließ alle Tore und Ausgänge besetzen und die Telefonleitungen unterbrechen. Nach einem etwa eineinhalbstündigen Gespräch unterschrieb Ulbricht resigniert sein Rücktrittsgesuch.[22]

Nur die offiziellen Parteigremien mussten Honeckers Machtübernahme jetzt noch formell absegnen. Und auch eine Begründung für die Öffentlichkeit musste gefunden werden. Als das Zentralkomitee der SED am 3. Mai 1971 zu seiner 16. Tagung zusammentrat, bat Ulbricht das Gremium, ihn aus «Altersgründen» von der Funktion des Ersten Sekretärs zu entbinden und an seiner Stelle den «Genossen Erich Honecker zum Ersten Sekretär des Zentralkomitees zu wählen».

Endlich war Honecker am Ziel. Der jahrelange Machtkampf war entschieden – auch wenn die Art, wie Honecker Ulbricht bis zu dessen Tod behandelte, zuweilen den gegenteiligen Eindruck hinterließ. Staatsratsvorsitzender mit rein repräsentativer Funktion war Ulbricht ja geblieben, aber auch das war Honecker noch zu viel. So schnell wie möglich sollte Ulbrichts Name aus der Öffentlichkeit verschwinden, sein Image verblassen. Um dies zu erreichen, entstand nur wenige Wochen nach dem Machtwechsel das berühmte Foto, das Ulbricht an seinem 78. Geburtstag als gebrechlichen Greis in Morgenmantel und Hausschuhen zeigt – und einen agil und jugendlich wirkenden Honecker, der ihm gratuliert. Das Foto sollte Ulbrichts gesundheitliche Begründung für seinen angeblich freiwilligen Rücktritt nachträglich bestätigen. Gleichzeitig war es der Anfang einer Kampagne, mit der

[22] Markus Wolf: Spionagechef im geheimen Krieg, München 1997, S. 256 f.

Ulbricht zur Unperson gemacht werden sollte. Mit Hilfe ärztlicher Gutachten wurde er aus dem öffentlichen Leben fast vollständig verbannt. Betriebe und Einrichtungen, die seinen Namen getragen hatten, wurden umbenannt, und Zeitungsmeldungen, die er über seine Aktivitäten als Staatsratsvorsitzender veröffentlicht haben wollte, wurden von Honecker rigoros unterdrückt. In den zwei Jahren, die Ulbricht noch verblieben, wurde es einsam um ihn. Viele, die ihm in den Jahren zuvor nach dem Munde geredet hatten, wandten sich von ihm ab. Ulbricht zog sich auf sein Landhaus am Döllnsee zurück. Hobbys, mit denen er

Der 78. Geburtstag Walter Ulbrichts, 30. Juni 1971

seine nunmehr reichliche Freizeit hätte ausfüllen können, hatte er nicht. Sein einziges Interesse galt der
Politik – und nun war ihm nicht einmal vergönnt, als
machtloser aber geehrter Landesvater sein Lebens-
werk zu genießen. Als er am 1. August 1973 verbittert
starb, erreichte Honecker gerade den ersten Höhepunkt in seinem neuen Amt.

Am Ziel

Bis zum Jahr 1971 war Honecker in der Öffentlichkeit kaum präsent gewesen. Durch politische Initiativen und Reformvorschläge war er bisher auch nicht besonders aufgefallen. Nur die wenigsten wussten, dass er 1961 den Bau der Berliner Mauer geleitet hatte – und das war eine rein organisatorische Aufgabe gewesen, die Honecker auf direkte Weisung von Walter Ulbricht ausgeführt hatte.

Der Parteiapparat reagierte entsprechend zwiespältig auf den Machtwechsel. Einerseits hatte der starke Rückhalt in der Partei ihm diese Karriere bis ins höchste Amt erst ermöglicht, andererseits trauten viele ihm die neue Aufgabe nicht zu. Trotz seines «Putsches» gegen Ulbricht war er für viele immer noch der ewige Schüler, ein Machtschattengewächs Ulbrichts ohne eigene Ideen und ohne Format: «Seine linkische Art bei öffentlichen Auftritten, seine gepresste, hohe Stimmlage, die Monotonie seiner Redeweise, die er zuweilen zu einer aufgesetzt wirkenden, gellenden Rhetorik steigerte, Betonungsfehler, das ewige Faustgerecke des alternden Jungrevolutionärs – das ging nicht nur mir, sondern auch meinen Kollegen auf die Nerven», schrieb Günter Schabowski in seinen Memoiren.[1]

Doch sie hatten Honecker unterschätzt. Von nun an war er es, der die DDR mit seiner Signatur versah, und er nutzte gleich die erste Gelegenheit, den sechs Wochen nach dem Machtwechsel stattfindenden VIII. Parteitag, um Inhalt und Stil seiner Amtsführung zu präsentieren. Seine Rede wich zwar nur in Nuancen von der alten Sprachregelung der Ulbricht-Zeit ab,

[1] Günter Schabowski: Der Absturz, Berlin 1991, S. 110.

Der VIII. Parteitag der SED

² Protokoll der Verhandlungen des VIII. Parteitages der Sozialistischen Einheitspartei Deutschlands, Berlin (Ost) 1971, Bd. 1, S. 34.
³ Manfred Gerlach: Mitverantwortlich, Berlin 1991, S. 125.

dennoch kündigten sich damit weit reichende Veränderungen an; vor allem eine Tendenz zu mehr Pragmatismus und Lebensnähe. So schnell wie möglich wollte Honecker die Ulbricht-Ära vergessen machen, und er war bereit, der Bevölkerung sowohl bei den Konsumbedürfnissen entgegenzukommen als auch eine Reihe ideologischer Kompromisse zu machen.

Am wichtigsten waren die Neuerungen im wirtschaftlichen Bereich, die Honecker auf dem VIII. Parteitag ankündigte. Unter Ulbricht gab es die Devise: «Wir müssen heute mehr arbeiten, damit wir morgen besser leben.» Jetzt führte Honecker aus: «Wir kennen nur ein Ziel, das die gesamte Politik unserer Partei durchdringt: alles zu tun für das Wohl des Menschen, das Glück des Volkes, für die Interessen der Arbeiterklasse und aller Werktätigen.»[2] Im Klartext hieß das: «Es soll allen sofort besser gehen.»[3] Bereits im ersten Jahr nach Honeckers Amtsantritt wurden die Renten aufgestockt, die ohnehin niedrigen Mieten gesenkt und die finanziellen Zuwendungen für berufstätige Mütter erhöht. Auch ein groß angelegtes Wohnungsbauprogramm wurde angekündigt. Und etwas später war dann die entsprechende propagandistische Losung für Honeckers neuen wirtschaftspolitischen Kurs gefunden: Einheit von Wirtschafts- und Sozialpolitik.

Auch in der Kulturpolitik kündigte sich auf dem VIII. Parteitag eine pragmatischere Haltung an. Honecker sprach in seiner Rede vom «ganzen Reichtum der Handschriften und Ausdrucksweisen»[4]. Wenig später, auf der 4. Tagung des Zentralkomitees, wurde er dann noch deutlicher: «Wenn man von der festen Position des Sozialismus ausgeht, kann es meines Erachtens auf dem Gebiet von Kunst und Literatur keine Tabus geben.»[5] Im Lichte dieser neuen Richtlinie begannen Verlage nun, die in den Jahren seit dem «Kahlschlag-Plenum» liegen gebliebenen Manuskripte im Hinblick auf eine Veröffentlichung zu überprüfen, und einige vor dem Machtwechsel mit Berufsverbot belegte Künstler durften wieder arbeiten.

Der dritte Bereich, den Honeckers Reformen direkt betrafen, war die Gesellschaftspolitik. Hier waren die Veränderungen am subtilsten und widersprüchlichsten. Einerseits wurde der ideologische Anspruch an die Gesellschaft eher noch erhöht – zum Beispiel wurde nach dem VIII. Parteitag der Erziehung von Kindern im Vorschulalter vermehrte Aufmerksamkeit gewidmet –, andererseits wurde dieser ideologische Anspruch nicht mehr im selben Maße wie früher an Äußerlichkeiten festgemacht. Westliche Rockmusik durfte wieder gespielt werden, lange Haare und Jeans wurden nicht mehr als Symbol westlicher Dekadenz und Ausdruck einer oppositionellen Haltung interpre-

[4] Zit. n. Manfred Jäger: Kultur und Politik in der DDR, Köln 1994, S. 139.
[5] Zit. n. Manfred Jäger: Kultur und Politik in der DDR, Köln 1994, S. 140.

tiert. Das alles würde nur davon abhalten, die Jugend an den Sozialismus zu binden, führte Honecker aus: «Uns interessiert nicht, wie lang die Haare sind, sondern der Kopf, auf dem die Haare wachsen, wie er über uns und den Staat denkt.»[6]

Im kultur- und gesellschaftspolitischen Bereich unterschieden sich Honeckers Reformen also gar nicht so sehr von den Veränderungen, die Ulbricht Anfang der sechziger Jahre initiiert hatte. Im Rückblick zeigt sich damit noch einmal, wie sehr Honecker mit seiner damaligen Haltung taktisch motiviert war, um im Machtkampf gegen Ulbricht Punkte zu sammeln. Und wie bei den Reformen Ulbrichts beinahe zehn Jahre zuvor handelte es sich auch jetzt um ein Gesamtkonzept: Das sozialpolitische Programm Honeckers sollte die Arbeiter motivieren, die Pläne überzuerfüllen und damit neue Quellen des Wachstums zu erschließen. Die Rücknahme der Zensur im kulturellen Bereich sollte die Künstler so stark für das Honecker-Regime einnehmen, dass sie freiwillig keine staatsgefährdenden Werke mehr verfassten, und mit der gelasseneren Reaktion auf die Symbole der Jugend hoffte Honecker die Jugendlichen stärker für die DDR einnehmen zu können. Am Ende sollte ein beispielloser Akzeptanzgewinn des SED-Regimes stehen.

Honecker war aber nicht über Nacht von einem Sicherheitsfanatiker zu einem Liberalen geworden. Er war sich darüber im Klaren, dass es einer zusätzlichen Sicherung bedurfte, um zu verhindern, dass der Liberalisierungsprozess außer Kontrolle geriet: In den ersten Jahren seiner Herrschaft wurde das Ministerium für Staatssicherheit daher stark ausgebaut. Allein von 1970 bis 1975 erhöhte sich die Zahl der Mitarbeiter von

[6] Zit. n.: Michael Kubina/Manfred Wilke: «Hart und kompromißlos durchgreifen», Die SED kontra Polen 1980/81, Berlin 1995, S. 248.

43 000 auf knapp 60 000. Der personelle Ausbau war dabei die Voraussetzung für einen grundlegenden Wandel der Strategie. In der Zeit Ulbrichts war offene Repression üblich gewesen; jetzt ging die Stasi zur präventiven und flächendeckenden Überwachung der Bevölkerung über. Es war eine Verfeinerung der Unterdrückungsmethoden mit dem Ziel, die Staatssicherheit effektiver und gleichzeitig unsichtbarer agieren zu lassen.[7]

Als eine «Doppelstrategie» bezeichnete daher der Historiker Stefan Wolle Honeckers Konzept: Liberalisierung auf der einen Seite, Kontrolle und Überwachung auf der anderen Seite.[8] Was darunter konkret zu verstehen war, lässt sich am besten an einem Ereignis verdeutlichen, das 1973 den ersten Glanzpunkt der Honecker-Ära darstellte: die Weltfestspiele der Jugend in Berlin.

Schon einmal, 1951, war Berlin Gastgeber der Weltfestspiele gewesen, und nun, im August 1973, sollten wieder über 25 000 Jugendliche aus 140 Ländern in die Hauptstadt der DDR kommen. Um während der Massenveranstaltung «Ordnung und Sicherheit» gewährleisten zu können, hatte Erich Honecker einen Monat vor Beginn der Spiele veranlasst, «Asoziale, Geisteskranke, Vorbestrafte und HWG-Personen» – Letzteres war die Abkürzung für Frauen mit vermeintlich häufig wechselndem Geschlechtsverkehr – einzusammeln, zu inhaftieren, in psychiatrische Heime einzuweisen oder unter Hausarrest zu stellen.[9] Aus den Problemen bei den Weltfestspielen 1951, als er selbst noch FDJ-Vorsitzender war, und «seiner» FDJ politische Unzuverlässigkeit vorgeworfen wurde, hatte Honecker gelernt: FDJler aus der ganzen Republik

[7] Klaus Schröder: Der SED-Staat, München 1998, S. 213.
[8] Stefan Wolle: Die heile Welt der Diktatur, Berlin 1998, S. 45.
[9] Zit. n. Stefan Wolle: Die heile Welt der Diktatur, Berlin 1998, S. 165 f.

Angela Davis, Margot Honecker und die sowjetische Kosmonautin Valentina Tereschkowa bei der Eröffnung der X. Weltfestspiele in Ost-Berlin 1973

[10] Stefan Wolle: Die heile Welt der Diktatur, Berlin 1998, S. 165f.

wurden in Schulungsheimen zusammengefasst und erhielten genaue Anweisungen über den Umgang mit den Argumenten des Klassenfeindes. Während des Festivals war dann fast alles erlaubt. Für eine Woche, vom 28. Juli bis zum 5. August 1973, war die DDR erfüllt von wahrhaft internationalem Flair. Der Stargast des Festivals, die in den USA politisch verfolgte Kommunistin Angela Davis, erntete Begeisterungsstürme. Die Staatssicherheit hatte Weisung erhalten, alles aufmerksam zu beobachten, sich aber mit repressiven Maßnahmen zurückzuhalten. Es gab nur wenige Verhaftungen – die meisten nicht wegen politischer, sondern wegen ganz normaler kleinkrimineller Delikte. Um das internationale Ansehen der DDR während der Spiele nicht zu gefährden, wurde sogar der Schießbefehl an der innerdeutschen Grenze vorübergehend aufgehoben.[10]

Erich Honecker ließ sich bei der Eröffnungsveranstaltung im Stadion der Weltjugend feiern und von Jungen Pionieren Blumensträuße überreichen. Er sonnte sich in dem Erfolg seiner ersten Regierungsjahre. Gern erinnerte er sich an seine eigene Jugend, seine Zeit als FDJ-Chef und an «sein» Festival 22 Jahre zuvor. Dazu kam der Eindruck, den Honecker physisch machte. Er war braun gebrannt, wirkte sportlich und dynamisch und sah für seine 61 Jahre bemerkenswert jung aus.

Wie kein anderes Ereignis wurden die Weltfestspiele zum Symbol für Honeckers Erfolg in den ersten Jahren seiner Amtszeit. Seine Doppelstrategie schien aufzugehen. Zudem stellten sich parallel zur innenpolitischen Entwicklung spektakuläre Erfolge in der Außenpolitik ein. Zwischen 1972 und 1974 bauten viele Staaten ihre diplomatischen Beziehungen mit

Empfang Leonid Breschnews in Ost-Berlin anlässlich des 25. Jahrestages der DDR 1974

Helmut Schmidt und Erich Honecker auf der Konferenz für Sicherheit und Zusammenarbeit in Europa in Helsinki 1975

Ost-Berlin auf. Im September 1973 wurde die DDR auch in die UNO aufgenommen und war damit – nach mehr als zwanzigjährigem Bestehen – endlich vollgültiges Mitglied der internationalen Staatengemeinschaft. Honeckers eigenes Verdienst an dieser Entwicklung war gering. Es war die schon 1969 initiierte «Neue Ostpolitik» der SPD/FDP-Regierung in Bonn und die damit verbundene Aufgabe des bundesdeutschen Alleinvertretungsanspruches, die jetzt der DDR den Durchbruch auf internationaler Ebene bescherte. Honecker reagierte darauf bloß; es war ein Erfolg, der ihm in den Schoß fiel, der aber deswegen nicht weniger zu seinem Prestigegewinn beitrug.

Ähnlich dem Symbolwert der Weltfestspiele für die innenpolitische Entwicklung der DDR gab es auch in der Außenpolitik ein Ereignis, das Honeckers Erfolg in besonderem Maße symbolisierte: die KSZE-Konferenz in Helsinki 1975, an der Honecker als Leiter der

DDR-Delegation teilnahm. Am Rande der Konferenz traf sich Honecker mit dem neuen Bundeskanzler Helmut Schmidt zu einer zwanglosen Unterredung. Bei der Unterzeichnung der Schlussakte und beim feierlichen Essen für die Leiter der Delegationen, saß Honecker zwischen ihm und dem US-amerikanischen Präsidenten Gerald Ford. Zum ersten Mal sah man einen DDR-Politiker im Kreise der ganz Großen der internationalen Politik. Was Ulbricht nicht gelungen war, gelang nun – so schien es – Erich Honecker.

Die ersten Jahre der Honecker-Ära waren eine Erfolgsstory. Die DDR war auf dem Zenit ihres internationalen Ansehens. Wenn das SED-Regime jemals auch nur ansatzweise einen gewissen Rückhalt in der Bevölkerung hatte, dann in diesen Jahren. Auf die Person Honeckers wirkte sich dieser Erfolg in zweierlei Hinsicht aus. Zum einen schien seine Ehe wieder besser zu funktionieren. Margot Honecker hatte in der Zwischenzeit eine eigene Karriere als Volksbildungsministerin gemacht. Seit 1964 oder 1965 hatten beide getrennt gelebt, denn Margot hatte sich in einen Schauspieler verliebt, und nur die Parteidisziplin verhinderte eine Scheidung.[11] Bei den Weltfestspielen 1973 zeigten sich Margot und Erich Honecker das erste Mal seit langer Zeit wieder gemeinsam in der Öffentlichkeit. Die internationale Anerkennung der DDR mit den damit verbundenen Staatsempfängen sorgte zudem dafür, dass Margot auch als «First Lady» an der Seite ihres Mannes gebraucht wurde.

Zum anderen konnte Erich Honecker den Erfolg nutzen, um seine eigene Machtstellung innerhalb von Partei und Staat so auszubauen, dass er nun beinahe absolutistisch regierte.

[11] Hans Bentzien: Meine Sekretäre und ich, Berlin 1995, S. 220.

Jeden Morgen fuhr Erich Honecker mit seinen Sicherheitsbegleitern auf der so genannten Protokollstrecke von Wandlitz in sein Büro im ZK-Gebäude am Werderschen Markt im Zentrum Berlins. Jeden Dienstag tagte hier auch das Politbüro in einem weiten und hellen Sitzungssaal, an dessen Stirnseite Porträts von Karl Marx und Friedrich Engels hingen. Die Sitzungen begannen immer um 10 Uhr, von den Politbüromitgliedern waren die meisten immer schon einige Minuten früher da. Genau eine Minute vor zehn erschien dann Erich Honecker, um die Sitzung zu eröffnen und zu leiten. Die Sitzordnung war genau festgelegt. Am Kopf des Tisches saß Honecker – allein. An den Längsseiten kamen dann die Plätze der anderen Politbüromitglieder. Wurden Gäste als Berichterstatter zu einzelnen Tagesordnungspunkten hinzugebeten, dann saßen sie an den inneren Tischseiten. Es herrschte eine intensive Arbeitsatmosphäre. In einer Ecke des Raumes war ein kleines Büffet aufgebaut, an dem sich die Politbüromitglieder mit Kaffee, Mineralwasser und belegten Broten versorgen konnten. Gesprochen wurde über beinahe alles: über den Stand der Planerfüllung ebenso wie über die Beziehungen zur Bundesrepublik Deutschland; über Versorgungsfragen jeder Art gleichermaßen wie über die Verabschiedung des Staatshaushaltes; Preisfestlegungen bei einzelnen Waren oder Warengruppen wurden angesprochen, und die Verteilung von Auszeichnungen an verdiente Parteimitglieder beschlossen. Jede Kleinigkeit war interessant – aber über alles wurde eben nur gesprochen, nicht diskutiert. Die meisten Vorlagen waren schon im Vorfeld der Sitzung mit Erich Honecker abgestimmt worden. Sie trugen dann bereits die Paraphe «Einverstanden, E. H.». Widerspruch regte sich nicht; wer wollte schon dem Generalsekretär der SED etwas entgegensetzen. Nur bei Vorlagen, die nicht vor der Sitzung von Honecker abgezeichnet worden waren, fand überhaupt noch eine Art Aussprache statt, aber selbst dann wurde am Ende nicht abgestimmt. Erich Honecker fasste den Diskussionsstand zusammen – so lag die Entscheidung faktisch bei ihm.[12]

Dies war die entscheidende Veränderung im Politbüro, die unter Honeckers Leitung vor sich gegangen war. Walter Ulbricht hatte den Streit geliebt. Unter seiner Leitung hatten die Politbürositzungen oft bis spät in die Nacht gedauert. Jetzt waren sie meist nach zwei oder drei Stunden wieder vorbei. Am Anfang war dies allgemein als Verbesserung empfunden worden, denn es wirkte effizienter und professioneller. Langfristig jedoch führte es dazu, dass das Politbüro die Entscheidungen Honeckers nur noch bestätigte und als Machtorgan faktisch irrelevant wurde.

Dass es Honecker gelang, das Politbüro zu entmachten, war aber nur der eine Grund, warum er jahrelang unangefochten regieren konnte. Der andere Grund war seine Kaderpolitik. Auch in diesem Bereich brachte er es im Laufe der Zeit zu einer wahren Meisterschaft, die über das Können Walter Ulbrichts weit hinausging. Entscheidungen auf kaderpolitischem Gebiet traf er es immer allein, legitimieren musste er sich dafür nicht. Die Maßstäbe, von denen er sich leiten ließ, waren die Isolierung der Kader einerseits und personelle Kontinuität andererseits. Die Isolierung der Kader begann bereits in Wandlitz. Kaum ein Politbüromitglied hat jemals das Haus seines Nachbarn von innen gesehen. Selbst bei Geburtstagen oder anderen

[12] Günter Schabowski: Der Absturz, Berlin 1991, S. 115 f.; Alexander Schalck-Golodkowski: Deutschdeutsche Erinnerungen, Reinbek 2000, S. 143–148.

Familienfeiern war es nicht üblich, die Kollegen aus dem Politbüro einzuladen. Honecker habe das nicht ungern gesehen, gab Günter Schabowski später zu Protokoll: «Er wollte nicht, dass Politbüromitglieder sich zusammentaten und dicke Freundschaften entwickelten. Daraus konnte immer eine Paarung entstehen, die vielleicht eine politische Dimension bekommen hätte.»[13] Im Politbüro setzte sich die Isolierung fort: «Schon wenn zwei oder drei besonders harmonierten, war das ein Verdachtsmoment. Er hat dann meist den einen gegen den anderen ausgespielt, den einen kritisiert, den anderen gelobt.»[14] Schon aus Angst vor Verdächtigungen ist aus der beabsichtigten Isolierung also schnell eine freiwillige Selbstisolierung geworden. Das galt nicht zuletzt auch für Erich Honecker selbst. Mit keinem seiner Mitarbeiter pflegte er private Kontakte. Die einzige Ausnahme war sein Verhältnis zu Günter Mittag, mit dem er sich einmal in der Woche traf, um auf die Jagd zu gehen, aber auch das schien mehr eine Zweckgemeinschaft als eine wirkliche Freundschaft zu sein.[15] Selbst engste Mitarbeiter wussten über sein Privatleben nichts und wagten auch nach der Wende kaum, auf die Frage zu antworten, ob seine Ehe innig gewesen sei oder nicht. Dass er seinen Enkel Roberto sehr gern hatte, erkannten sie nur daran, dass Honecker ihm von seinen Auslandsreisen fast immer eine Kleinigkeit, ein Matchbox-Auto oder etwas Ähnliches, mitbrachte. Es gehörte zu Honeckers Auffassung, dass die Familie gegenüber politischen Aufgaben zurückzutreten habe. Zu privaten Angelegenheiten oder gar zu familiären Problemen wollte er nicht befragt werden, und von sich aus erzählte er sowieso nichts. Die wenigen,

[13] Günter Schabowski: Das Politbüro, Reinbek 1990, S. 47.
[14] Günter Schabowski: Das Politbüro, Reinbek 1990, S. 24 f.
[15] Günter Schabowski: Der Absturz, Berlin 1991, S. 117.

die Honecker aus dienstlichen Gründen in Wandlitz aufsuchten, legten ihre Mäntel an der Garderobe ab und wurden dann meist direkt in das Arbeitszimmer im ersten Stock geführt. Mehr bekam kaum ein Besucher von Honeckers Wohnhaus zu Gesicht. «Es war ein gänzlich abgeschotteter Bereich», resümierte sein persönlicher Mitarbeiter Frank Joachim Herrmann und verwies darauf, dass in dieser Hinsicht sogar die Westmedien «absolut auf der Strecke geblieben» seien.[16]

Im Vergleich zur Isolierung der Kader war die kaderpolitische Kontinuität weniger wichtig für Honeckers Machterhalt, aber auch diese hatte eine Funktion, die über die beabsichtigte «Demonstration von Einheit und Geschlossenheit», wie es in der Parteisprache hieß, hinausging. Zum einen bedeutete es eine Respektierung des Parteiapparates, aus dem Honecker ja kam und der die Basis seiner Macht war. Nur sehr selten holte Honecker Seiteneinsteiger in

Spaziergang mit Frau Margot, Tochter Sonja und Enkelsohn Roberto, 1977

[16] Frank-Joachim Herrmann: Der Sekretär des Generalsekretärs, Berlin 1996, S. 115.

hohe Parteiämter, altgediente Parteikader mussten so kaum Angst davor haben, bei Personalentscheidungen übergangen zu werden. Zum anderen führte die kaderpolitische Kontinuität dazu, dass sich die Spitzenkader so sehr an ihre Privilegien gewöhnten, dass sie das Risiko offenen Widerspruchs scheuten. Fügten sie sich in ihre Rolle als Herrscher über einen eng abgesteckten Bereich, war ihnen ein Leben in Wandlitz im bescheidenen Luxus auf Jahre sicher und zwar unabhängig davon, ob sie besonders erfolgreich waren oder nicht. Politbüromitglied Werner Krolikowski hat auf einem Flug von Moskau nach Berlin einmal mit angehört, wie sich Erich Honecker gegenüber Willi Stoph, dem Vorsitzenden des Ministerrates, nacheinander über einige Politbüromitglieder geäußert hat. Das Gespräch ist so bezeichnend, dass es lohnenswert ist, es an dieser Stelle ausschnittweise zu zitieren:

«Kurt Hager ist zwar ein Opportunist, aber wenn man ihn schiebt, macht er schon mit.

Paul Verner ist jetzt krank, aber auch als er gesund war, war er nicht sehr aktiv.

Mit Hermann Axen gibt es immer wieder Probleme, aber wenn er anständig kritisiert wird, geht es wieder eine Zeit.

Konrad Naumann muss auch unter Kontrolle gehalten werden und von Zeit zu Zeit Rippenstöße kriegen.

Es ist wohl am besten, wir lassen alles, wie es ist.» [17]

Und es blieb alles weitgehend so, wie es war, und zwar 18 Jahre lang – bis zu Honeckers Sturz im Herbst 1989. Nur auf wenigen Positionen wurde die Mannschaft des Politbüros in dieser Zeit verändert – und auch dann waren es meistens Todesfälle, die es aufstrebenden Kadern ermöglichten, nachzurücken.

[17] Notiz von Werner Krolikowski über Honecker und seine Politik vom 16. Dezember 1980, zit. n.: Peter Przybylski: Tatort Politbüro, Reinbek 1992, S. 340–344 (343).

Nach wenigen Jahren der Honecker-Herrschaft schien also nicht nur die DDR gestärkt, auch Honecker regierte unangefochtener und souveräner, als es seinem Vorgänger Walter Ulbricht jemals gelungen war. Doch dann, gegen Ende des Jahres 1976, brach die positive Entwicklung plötzlich ab. Sowohl in der Kulturpolitik als auch in der Wirtschaftspolitik zeigte sich nun, dass Honecker mit seiner 1971 begonnenen politischen Linie große Risiken eingegangen war – Risiken, die einen Kurswechsel erfordert hätten. In der Kulturpolitik war dies für jedermann offensichtlich, denn das Ereignis, das das Scheitern des liberalen Kurses zum Ausdruck brachte – die Ausbürgerung des Liedermachers Wolf Biermann – fand in aller Öffentlichkeit statt, wurde monatelang diskutiert und war in seinen Auswirkungen noch jahrelang präsent. In der Wirtschaftspolitik war dies anders, hier spürte die Öffentlichkeit nur ein kleines Symptom der Krise, ohne die eigentliche Dimension zu erkennen: Im Sommer 1977 kam es in der DDR zur «Kaffeekrise».

Ende 1976 waren die Kaffeepreise auf dem Weltmarkt dramatisch angestiegen. Hatte die DDR bis dahin rund 150 Millionen Valutamark für den Import von Rohkaffee ausgegeben, so wurden für die gleiche Menge nun fast 700 Millionen benötigt. Im Juli 1977 beschloss das Politbüro daher eine neue «Versorgungsrichtlinie für Kaffee», die unter anderem vorsah, dass in allen Behörden, öffentlichen Einrichtungen, Betriebskantinen und in den Gaststätten der Preisstufen II und III von nun an nur noch ein Mischkaffee angeboten werden sollte, der zu 51 Prozent aus Bohnenkaffee und zu 49 Prozent aus Surrogaten bestand. Im Volksmund hieß diese Mixtur bald «Erichs Krönung» – und die Proteste waren so zahlreich, dass der Politbürobeschluss schon bald korrigiert werden musste.[18] Für Planungschef Gerhard Schürer und dem für Wirtschaft zuständigen ZK-Sekretär Günter Mittag jedoch war die Kaffeekrise der Anlass, sich mit einem gemeinsam verfassten Brief an Erich Honecker zu wenden und auf den Schuldenberg hinzuweisen, den die DDR in den Jahren seit Honeckers Amtsantritt angehäuft hatte. Erstmals sei die DDR in akuten Zahlungsschwierigkeiten, schrieben Mittag und Schürer, die Erlöse aus dem Export in westliche Länder würden bereits im kommenden Jahr 1978 nicht mehr ausreichen, um die fälligen Kredite zu bedienen. Schon für die Bedienung der Altschulden sähen sie sich gezwungen, neue Kredite aufzunehmen.[19]

Nun war es zu der dramatischen Situation, die Schürer und Mittag in ihrem Brief schilderten, nicht über Nacht gekommen. Bereits bei Honeckers Amtsantritt stand fest, dass die umfangreichen sozialpolitischen Maßnahmen nur mit Krediten zu finanzieren waren. Der neue Wohlstand war ein Wohlstand auf Pump. Im Jahr 1972 fasste die Präsidentin der Staatsbank der DDR, Grete Wittkowski, das Problem erstmals in einem «streng vertraulichen» Papier zusammen. Allein im ersten Jahr seit Honeckers Machtübernahme hätten sich die Auslandsschulden der DDR um mehr als eine Milliarde Valutamark vermehrt, schrieb Wittkowski und resümierte: «Das verwendete Nationaleinkommen ist höher als das erwirtschaftete.»[20] Honecker reagierte auf solche Hinweise mit leichtfertiger Geringschätzung – zum Beispiel mit der Bemerkung, dies sei Panikmache – oder mit dem lapidaren Hinweis, wo ein Wille sei, da sei auch ein Weg. Sein

[18] Stefan Wolle: Die heile Welt der Diktatur, Berlin 1998, S. 199–201.
[19] Zit. n. Hans-Hermann Hertle: Die Diskussion der ökonomischen Krisen in der Führungsspitze der SED, in: Theo Pirker u. a. (Hg.): Der Plan als Befehl und Fiktion, Opladen 1995, S. 309–345, (314).
[20] Zit. n. Peter Przybylski: Tatort Politbüro, Band 2, Berlin 1992, S. 49f.

Planungschef Gerhard Schürer, der Ulbrichts Ablösung begrüßt hatte und große Hoffnungen in Erich Honecker setzte, schrieb später: «Noch wollte ich nicht glauben, dass Erich Honecker so ungebildet war, um nicht zu verstehen, dass man mit 4 Prozent Wachstum der Leistungen auf die Dauer nicht 5 bis 7 Prozent Zuwachs im Lebensstandard bilanzieren kann.» Schon bei Honeckers Amtsantritt sei die Weiche, wenn auch nur um wenige Zentimeter, in die falsche Richtung gestellt worden, resümierte er.[21]

Den Brief Gerhard Schürers und Günter Mittags aus Anlass der gestiegenen Kaffeepreise fasste Honecker nicht als Hinweis auf eine nötige Kurskorrektur, sondern als einen Angriff auf seine Person auf. Er bestellte Schürer und Mittag zu sich und kanzelte sie ab: Es sei richtig, die Probleme offen auf den Tisch zu legen, führte er aus, aber man könne deswegen nicht gleich die ganze Politik ändern. «Im Material kommt es so raus, als sei die Politik nach Ulbricht falsch gewesen, als habe Ulbricht keine Schulden gemacht und Honecker macht Schulden. Welche Politik hätten wir denn machen sollen?»[22]

Auf diese Art und Weise angegriffen, gaben Mittag und Schürer nicht nur nach, sie lieferten vorsorglich die übliche Selbstkritik gleich mit. Es sei nicht ihre Absicht gewesen, einen solchen Eindruck hervorzurufen, entschuldigte sich Günter Mittag, und auch Gerhard Schürer verbeugte sich verbal vor Erich Honecker: «Wie könnte gerade ich, wie könnten gerade wir in der Staatlichen Plankommission, die wir dir, Erich, tief dankbar sind, persönliche Angriffe auf dich und die beschlossene Politik formulieren?»[23]

Der Vorstoß Schürers und Mittags blieb also weit-

[21] Gerhard Schürer: Gewagt und verloren, Berlin 1998, S. 115.
[22] Zit. n. Hans-Hermann Hertle: Die Diskussion der ökonomischen Krisen in der Führungsspitze der SED, in: Theo Pirker u. a. (Hg.): Der Plan als Befehl und Fiktion, Opladen 1995, S. 309–345, (315).
[23] Zit. n. Hans-Hermann Hertle: Die Diskussion der ökonomischen Krisen in der Führungsspitze der SED, in: Theo Pirker u. a. (Hg.): Der Plan als Befehl und Fiktion, Opladen 1995, S. 309–345, (315).

Wolf Biermann bei seinem Konzert in Köln im November 1976

gehend ergebnislos. Statt einer grundsätzlichen Kursänderung wurden lediglich einige Maßnahmen beschlossen, die zwar kurzfristig die Zahlungsfähigkeit der DDR erhöhten, langfristig aber wirkungslos verpufften: Die DDR-Staatsbank verkaufte einen Teil ihrer Goldreserven, und die Summe, die die berühmtberüchtigte Abteilung Kommerzielle Koordinierung unter ihrem Leiter Alexander Schalck-Golodkowski zur Zahlungsbilanz zuschießen sollte, wurde per Weisung erhöht – sonst geschah nichts. Der lange Weg in den Staatsbankrott hatte begonnen.

Auch in der Kulturpolitik war es nur eine Frage der Zeit, wann der 1971 initiierte Liberalisierungsprozess an seine Grenzen stoßen würde. Ende 1976 war es dann so weit. Am 16. November 1976 beschloss das Politbüro, dem Liedermacher Wolf Biermann die Staatsbürgerschaft der DDR abzuerkennen. Zum Anlass wurde ein Auftritt Biermanns in Köln drei Tage zuvor genommen. Biermann habe seine Reise in die Bundesrepublik dazu missbraucht, «sich in die von re-

138

aktionären Kräften außerhalb des Staatsgebietes der DDR entfaltete Hetzkampagne gegen die DDR einzugliedern und damit in grober Weise staatsbürgerliche Pflichten zu verletzen»[24].

Der Tagesordnungspunkt, der die Ausbürgerung Biermanns vorsah, war erst nachträglich in die Agenda des Politbüros aufgenommen worden, sodass auch für die meisten Politbüromitglieder der Eindruck entstehen musste, erst das Konzert in Köln habe den Grund für die Ausbürgerung geliefert. In Wirklichkeit war es genau umgekehrt. Seit 1974 schon wollten Honecker und der im Politbüro für Kultur zuständige Kurt Hager Biermann loswerden – mit dem Kölner Konzert hatten sie endlich einen Anlass gefunden. Schon lange war Wolf Biermann, der 1953 aus der Bundesrepublik in die DDR gekommen war und sich selbst als Marxisten und Kommunisten bezeichnete, der DDR-Führung ein Dorn im Auge gewesen. Und obwohl er seit 1965 Auftrittsverbot hatte, hatte sich seine Wohnung in der Berliner Chausseestraße 131 zum Treffpunkt einer großen Anhängerschaft entwickelt. Der Schauspieler Manfred Krug beschrieb die Bedeutung Biermanns für die künstlerische Elite in der DDR wie folgt: «Er war die Vorhut. Wenn er Richtung Front losging und es blieb ruhig, konnte man bequem hinterherrobben. Er war vor allem für die Künstler wichtig. Wie das Nebelhorn für die Seefahrer. Nie mehr würde man ohne ihn herausfinden, wie viel Missvergnügen noch gezeigt werden durfte.»[25] Ohne ihn, so schien es Honecker wohl, seien die verbleibenden Künstler einfacher zu beeinflussen und zu steuern. Auf internationale Proteste war er natürlich gefasst. Auch auf den Fall, dass Biermann trotz der Ausweisung versuchen würde, in die DDR zu-

[24] Zit. n. Arne Born: Kampf um Legitimation, in: Roland Berbig u. a. (Hg.): In Sachen Biermann, Berlin 1994, S. 44–65 (61).
[25] Manfred Krug: Abgehauen, Düsseldorf 1996, S. 10.

rückzukehren, war man vorbereitet. Doch jetzt geschah etwas, womit Honecker niemals gerechnet hatte: Mit einer über eine westliche Nachrichtenagentur verbreiteten Petition protestierten 12 namhafte Schriftsteller der DDR gegen die Ausbürgerung ihres Kollegen. In den nächsten Tagen schlossen sich mehr als 100 weitere Künstler dem Protest an. Honecker sah sich unvermittelt mit einer völlig ungewohnten Situation konfrontiert. Auf einmal war eine Öffentlichkeit außerhalb der Kontrolle der Partei hergestellt. Den Konflikt zu vertuschen war nicht mehr möglich – das Regime reagierte nervös. Die Unterzeichner wurden unter Druck gesetzt, einige wenig bekannte sogar verhaftet. Und dann setzte ein wahrer Exodus von Schriftstellern und Künstlern ein. Insgesamt etwa 100 Autoren, Schauspieler, Regisseure, Komponisten und Intellektuelle verließen in den nächsten Jahren die DDR. Honeckers Konzept einer auf Freiwilligkeit basierenden Unterordnung unter die kulturelle Doktrin der Partei war gescheitert.

Mit dieser Entwicklung auf kulturellem und wirtschaftlichem Gebiet war der Erfolg, der Honecker fünf Jahre lang auf einer Welle der Zustimmung hatte schwimmen lassen, dahin. Von 1971 bis 1976 hatte er jung, selbstbewusst, aufgeschlossen und beweglich gewirkt – oder zumindest war dies sein Image gewesen. Jetzt hinterließ er wieder den Eindruck, den er schon vor seinem Amtsantritt vermittelt hatte: Er war ein Apparatschik. Und nun traten auch zwei Eigenschaften wieder stärker in den Vordergrund, die in den Jahren zuvor von seinem positiven Renommee überdeckt worden waren: seine Unfähigkeit, mit Kritik umzugehen, und seine Eitelkeit. Während der einzige Effekt seines eitlen Gehabes darin bestand, dass landesweit über Honecker gewitzelt wurde, wenn etwa am Tag nach seinem alljährlichen Rundgang auf der Leipziger Frühjahrsmesse die Zeitung fast wie ein Fotoalbum aussah und nur Bilder enthielt, die ihn im Gespräch mit Diplomaten und Handelsvertretern aller Herren Länder zeigten, so hatte seine Unfähigkeit, mit Kritik umzugehen, ernstere Folgen. Sie führte zu einer maßlosen Schönfärberei der Situation in der DDR, vor allem aber zu einem beängstigenden innenpolitischen Stillstand.

Konflikt mit dem Kreml

Das Jahr 1976 war ein wichtiger Wendepunkt in der Geschichte der DDR. Von nun an ging es bergab. Nicht rasant, wie Karikaturisten es nach der Wende darstellten, sondern ganz langsam und kaum merklich. Der Versuch Honeckers, den Sozialismus attraktiver zu machen, war gescheitert. Impulse, den Niedergang aufzuhalten, gab es nur noch selten. Und so waren die folgenden 10 Jahre innenpolitisch ziemlich ereignisarm. Honecker selbst schätzte die Lage insgesamt als stabil ein, und oberflächlich betrachtet war sie das auch. Die Ausbürgerung von Wolf Biermann und die folgenden Ausreisen einer großen Anzahl von Künstlern und Intellektuellen hatten gewirkt wie das Öffnen eines Ventils auf einen Druckkessel – mit dem Effekt freilich, dass der Druck nach dem Schließen des Kessels langsam erneut anstieg und das Ventil bald immer häufiger geöffnet werden musste. Kurzfristig jedoch war das Ziel erreicht. Viele kritische Köpfe waren außer Landes gegangen, und die Oppositionsbewegung wirkte entmutigt. Die wenigen Gruppen, die es gab, waren weitgehend isoliert und schienen mittels der Staatssicherheit gut beherrschbar zu sein. Wirtschaftliche Probleme und Versorgungsengpässe nahm Honecker zwar wahr, aber die von Gerhard Schürer, dem Chef der Staatlichen Plankommission, immer wieder angemahnte Kursänderung in der Wirtschaftspolitik war aus seiner Sicht politisch nicht verkraftbar. Vermutlich hatte er damit sogar Recht. Auch Schürer war sich darüber im Klaren, dass ein auf Konsolidierung bedachter Haushaltsplan nur mit einer beträchtlichen Einschränkung des Lebensstandards der

Bevölkerung zu erreichen war. Das damit verbundene innenpolitische Risiko wollte Honecker nicht einge- hen. Auch wenn sich seine wiederholten Aufforderun- gen, Reserven zu mobilisieren und notfalls Schulden zu machen, im Rückblick naiv anhören – so hatte er doch keine andere Wahl. Von Wirtschaftspolitik ver- stand er ohnehin nicht viel. Er legte alles vertrauens- voll in die Hände seines Intimus Günter Mittag, der grundsätzliche Kritik am wirtschaftspolitischen Kurs gar nicht erst zuließ, Erfolge als sein eigenes Verdienst darstellte und Probleme konsequent auf das Versagen der örtlichen Kader zurückführte.

Von großer Dramatik waren die Jahre von 1976 bis 1985 jedoch hinsichtlich der Außenpolitik, der Honeckers ganze Energie galt. Und wenn er auch seine Verkrampftheit und Unbeholfenheit nie ganz ablegen konnte, so agierte er auf diplomatischem Parkett doch mit großem Selbstbewusstsein und wurde in der westlichen Welt und besonders in der Bundesrepublik zu einem begehrten Gesprächspartner. «Der Honecker im Inland und der Honecker im Ausland haben sich doch manchmal wesentlich unterschieden», erinnerte sich später ein wichtiger außenpolitischer Mitarbeiter: «Ich habe sehr oft erlebt, dass er im Gespräch mit ausländischen Delegationen oder mit ausländischen Staatsmännern oder bei seinen Besuchen im Ausland so locker war wie nie im Inland, dass er frei sprechen konnte, dass er Interviews gegeben hat, ohne Material vor sich zu haben. Alles das, was zu Hause ja nie der Fall gewesen ist, und daran merkte man, dass ihm die Außenpolitik einfach auch Spaß machte.»[1] Seit der Konferenz von Helsinki fühlte Honecker sich aufgenommen in die Riege der großen Staatsmänner dieser Welt. Sein großes Ziel, an dem er beständig arbeitete, war nun, in der Bundesrepublik zu einem Staatsbesuch empfangen zu werden.

Honeckers Wunsch standen jedoch die angespannten Beziehungen zur Sowjetunion entgegen. Bereits Anfang der achtziger Jahre war das Verhältnis, allen Beteuerungen über «brüderliche Zusammenarbeit und Hilfe» zum Trotz, regelrecht zerrüttet. Der Grund dafür war die zunehmende politische Handlungsunfähigkeit und der rapide wirtschaftliche Niedergang der Sowjetunion, der Honecker nicht nur irritierte, sondern in einen tiefen Loyalitätskonflikt stürzte. Sein gestiegenes Selbstbewusstsein tat ein Übriges – jedenfalls sollte sich zeigen, dass er nicht länger bereit war,

[1] Günter Sieber, zit. n. Wolfgang Kenntemich u. a. (Hg.): Das war die DDR, Berlin 1993, S. 219.

die Unterordnung unter die Sowjetunion ohne weiteres hinzunehmen.

An der Spitze der KPdSU stand Ende der siebziger Jahre immer noch Leonid Iljitsch Breschnew, doch dessen große Zeit war vorüber. Er war schwer krank, konnte sich kaum noch konzentrieren und war oft völlig geistesabwesend. Ein Machtvakuum war an der Spitze der Sowjetunion entstanden, das von Vertretern des militärisch-industriellen Komplexes schnell gefüllt wurde. Zunehmend griffen die Repräsentanten der Armee, Verteidigungsminister Dmitri Ustinow und sein Stellvertreter, Generalstabschef Nikolai Ogarkow, in die Außenpolitik ein. Am 27. Dezember 1979 marschierten sowjetische Truppen in Afghanistan ein – eine Militäraktion, die offensichtlich ohne klares Konzept begonnen worden war, ungezählte Tote und Verwundete kostete und nach 8 Jahren ohne Ergebnis beendet wurde. Der Einmarsch in Afghanistan verschreckte nicht nur die sozialistischen Verbündeten, die vorab nicht informiert worden waren und nicht wussten, wie sie reagieren sollten, sondern auch den Westen, der es als Zeichen nahm, dass die kurze Phase der Entspannung, die Anfang der siebziger Jahre begonnen hatte, nun endgültig zu Ende war.

Bereits in den Jahren zuvor hatte die Stationierung neuer Mittelstreckenraketen Irritationen bei der NATO ausgelöst. «Pionier» hießen die neuen Raketen nach sowjetischer Bezeichnung – im Westen wurden sie bekannt unter dem Namen «SS-20». Nach sowjetischer Lesart ersetzten sie lediglich die veralteten SS-4 und SS-5. Die sowjetischen Politiker und Militärs sprachen deshalb nur von einer «Modernisierung», doch führende westliche Politiker empfanden diese Entwicklung als eine neue Qualität der Bedrohung. Bundeskanzler Helmut Schmidt war einer der Ersten, der sich des Themas annahm. Schon damals vermutete er, dass Eigenmächtigkeiten der sowjetischen Militärs hinter der Stationierung der neuen Waffen steckten: «Mir war unklar, ob Breschnew wirklich wusste, dass die militärische Führung der Sowjetunion im Begriff stand, seinem Land solche Erpressungsinstrumente in die Hand zu geben. Es konnte sein, dass er und das Politbüro vom Militär mit dem Argument bloß routinemäßiger Modernisierung zu dem SS-20-Aufrüstungsentschluss überredet worden waren, ohne dass sie sich die politischen Wirkungen vor Augen führten.»[2] Vieles spricht heute dafür, dass es so war, wie Schmidt vermutete. Der große Deutschlandexperte der sowjetischen Diplomatie, Valentin Falin, versuchte noch, Breschnew dazu zu bewegen, Schmidt entgegenzukommen. Doch der sowjetische Parteichef antwortete nur in hoffnungslosem Ton: «Valentin, was bedrängst du mich so? Du musst Gromyko überzeugen.» Falin selbst ergänzte, die Antwort habe auf ihn gewirkt wie ein resignatives «Siehst du denn nicht, dass ich längst keine Autorität mehr bin?»[3].

Rückgängig zu machen waren die sowjetischen Stationierungen auf diesem Wege also nicht mehr, und so fasste die NATO am 13. Dezember 1979 den berühmten Doppelbeschluss, der vorsah, durch sowjetisch-amerikanische Abrüstungsverhandlungen die Stationierung der SS-20 zu verhindern. Sollte dies bis zum Ende des Jahres 1983 nicht gelingen, würde die NATO mit der Stationierung von Pershing-2-Raketen und Marschflugkörpern in West- und Südeuropa

[2] Helmut Schmidt: Menschen und Mächte, Berlin 1987, S. 91.
[3] Valentin Falin: Politische Erinnerungen, München 1993, S. 283.

nachziehen. Unter dem Eindruck der sowjetischen Intervention in Afghanistan verhängten die USA zudem ein Handelsembargo gegen die Sowjetunion und beschlossen, die Olympischen Spiele, die im Sommer 1980 in Moskau stattfinden sollten, zu boykottieren. Was nun begann, ist als der «Zweite Kalte Krieg» in die Geschichtsschreibung eingegangen.[4] An Abrüstungsverhandlungen war einstweilen nicht zu denken. Breschnew und sein Außenminister Andrej Gromyko verkündeten einmütig, mit dem Beschluss der NATO sei allen Verhandlungen über die Mittelstreckenraketen in Europa die Grundlage entzogen. Mehr aus Rücksicht auf die öffentliche Meinung im Westen erklärten sie sich etwas später doch zu Verhandlungen bereit, die dann allerdings von beiden Seiten – auch von US-amerikanischer Seite – sehr halbherzig geführt wurden. Die sowjetische Haltung war dabei von der Hoffnung bestimmt, dass der durch die Friedensbewegung mobilisierte innenpolitische Widerstand in vielen NATO-Staaten, vor allem in der Bundesrepublik, die Aufstellung von Pershing-2-Raketen und Marschflugkörpern verhindern würde. Die Sowjetunion brauchte demnach, wenn sie öffentlich geschickt agieren würde, bei den Verhandlungen bloß Stärke zu zeigen.[5]

Im Gegensatz zur sowjetischen Führung bevorzugte Honecker eine etwas flexiblere und realistischere Strategie. Zum einen zweifelte er daran, dass der Ostblock in der Lage sein würde, einen neuen Rüstungswettlauf wirtschaftlich durchzustehen. Entsprechende interne Strategiepapiere, die diese Zweifel nährten, ließ er sich bereits 1980 zuarbeiten.[6] Zum anderen war er sich darüber im Klaren, dass die neuen Mittelstre-

[4] Fred Halliday: The Making of the Second Cold War, London u. a. 1983.

[5] Michael Ploetz: Wie die Sowjetunion den Kalten Krieg verlor, Berlin und München 2000.

[6] Michael Ploetz: Wie die Sowjetunion den Kalten Krieg verlor, Berlin und München 2000, S. 264–266.

ckenraketen vor allem Mitteleuropa, und damit die DDR ebenso wie die Bundesrepublik, zum Zielgebiet machen würden und beide deutsche Staaten daher ein besonderes Interesse an einem Erfolg der Abrüstungsverhandlungen haben müssten.

Im Mai 1980 hatte Honecker am Rande des Begräbnisses von Jugoslawiens Staatschef Josip Broz Tito zum ersten Mal seit der KSZE-Konferenz von Helsinki wieder Gelegenheit, mit Helmut Schmidt zu reden. Mit dem Argument, nur wenn der Doppelbeschluss von der NATO ausgesetzt würde, sei die sowjetische Führung überhaupt zu Verhandlungen bereit, versuchte er den deutschen Bundeskanzler vom Doppelbeschluss abzubringen.[7] Schmidt hielt sich bedeckt – aber irgendetwas in seiner Reaktion, vielleicht war es Schmidts freundschaftlicher und entgegenkommender Ton, muss Honecker ermutigt haben, es noch einmal zu versuchen. Doch daraus wurde vorerst nichts. Die Begegnung Honeckers mit Schmidt hatte Breschnew nicht verhindern können, ebenso wenig wie er das beiderseitige Treffen am Rande der KSZE-Konferenz hatte verhindern können, aber ein eigens und nur zu diesem Zweck arrangiertes deutsch-deutsches Gipfeltreffen wurde Honecker von Breschnew mit der Begründung, die Bundesregierung solle für ihre USA-freundliche Politik nicht noch belohnt werden, untersagt. Dass es sich dabei um ein vorgeschobenes Argument handelte, war offensichtlich. Breschnew pflegte trotz der Divergenzen in der Sache seit vielen Jahren ein gutes persönliches Verhältnis zu Helmut Schmidt, und trotz aller Spannungen empfing er ihn im Juli 1980 in Moskau zu einem Staatsbesuch. Bei dem Besuchsverbot für Erich Honecker ging es also um etwas

[7] Helmut Schmidt: Die Deutschen und ihre Nachbarn, Berlin 1990, S. 58.

ganz anderes. Deutschlandpolitik war seit dem Zweiten Weltkrieg in erster Linie Sache der Siegermacht Sowjetunion. Die DDR durfte dabei nur eine untergeordnete Rolle spielen und sich keinesfalls als Intermediator zwischen der Bundesrepublik und der Sowjetunion aufspielen. Der Versuch, dies zu tun, war Ausdruck für Honeckers gestiegenes Selbstbewusstsein. Im Hinblick auf sein Verhältnis zur Sowjetunion erwies sich sein Verhalten als Fehler, dessen kurzfristige Folge – Honecker musste das schon vereinbarte Treffen mit Helmut Schmidt absagen – peinlich genug war, der sich aber vor allem langfristig auswirkte: Von nun an wurde ihm mangelnde Festigkeit in seiner Haltung gegenüber der Bundesrepublik Deutschland vorgeworfen. Honecker hatte im Kreml Zweifel an seiner bedingungslosen Unterordnung geweckt.

Umgekehrt war Honecker über das Misstrauen der Sowjetunion erbost. Als er im Januar 1981 seinem neuen Botschafter in der Sowjetunion, Egon Winkelmann, die letzten Instruktionen mit auf den Weg gab, wurde deutlich, wie viel er sich von einem Treffen mit Schmidt versprochen hatte: «Wäre diese Unterredung zustande gekommen, wäre dieser Beschluss nicht durchgekommen (gemeint ist der NATO-Doppelbeschluss, Anm. des Autors). Sie haben gedroht, ich solle mich nicht mit Schmidt treffen. So ein Quatsch! Der ganze Zirkus wäre weggewesen, wenn ich mich in einer Nacht mit Schmidt getroffen hätte.»[8] Diese Aussage, getroffen, als die Verärgerung über das Verbot eines Treffens noch frisch war, zeugt allerdings schon von der beginnenden Selbstüberschätzung Honeckers. Sein Einfluss in Moskau war viel zu gering. Er hätte Schmidt keinerlei Zusagen geben können.

[8] Egon Winkelmann: Moskau, das war's, Berlin 1997, S. 20.

Während der Deutsche Bundestag frei darüber entschied, ob die neuen Pershing-2-Raketen in der Bundesrepublik stationiert werden sollten, hatte Honecker nicht einmal Kenntnis darüber, wo genau und wie viele sowjetische SS-20-Raketen sich auf dem Gebiet der DDR befanden. Alle wichtigen Entscheidungen, die die in der DDR stationierten sowjetischen Streitkräfte betrafen, wurden allein in Moskau getroffen. Nicht einmal die genaue Zahl der in der DDR stationierten Soldaten war Honecker bekannt. Der Wasserverbrauch der sowjetischen Kasernen war der einzige Anhaltspunkt, der eine ungefähre Schätzung ermöglichte. Helmut Schmidt hätte in diesen militärischen Fragen in Honecker zu Recht nur einen Briefträger nach Moskau gesehen, den er aufgrund eigener Kontakte gar nicht benötigte.

Die Hoffnungen, die Honecker in ein Treffen mit Schmidt setzte, waren also vollkommen illusionär – aber das Besuchsverbot hinterließ bei Honecker eine Kränkung, die nur zum Teil dadurch aufgehoben werden konnte, dass er sich schließlich, nach einigen pflichtgemäßen verbalen Abgrenzungen gegenüber der Bundesrepublik, Ende 1981 doch noch mit Helmut Schmidt in seinem Jagdhaus Hubertusstock und in Güstrow treffen durfte. Schon im ersten Vier-Augen-Gespräch mit Schmidt betonte Erich Honecker das Eigeninteresse der DDR an einer beiderseitigen Null-Lösung für atomare Mittelstreckenraketen. Allerdings glaube er, dass dies nur in mehreren Schritten zu erreichen sei. Das war neu für den deutschen Bundeskanzler – aber er ging nicht näher darauf ein. Für ihn waren andere Fragen wichtiger: Er wollte Erleichterungen im Besucherverkehr zwischen Ost- und Westdeutschland erreichen und hoffte, die kürzlich erfolgte Erhöhung des Mindestumtauschsatzes für DDR-Besucher rückgängig machen zu können. Doch in dieser Frage war Honecker nicht bereit, Zugeständnisse zu machen. Der Mindestumtausch erfülle eine notwendige Schutzfunktion für die DDR-Wirtschaft, meinte Honecker. «Vor der Erhöhung des Mindestumtausches sind jeden Samstag Tausende von Türken nach Ost-Berlin gefahren, um dort für billiges Geld ihre Lebensmittel einzukaufen.» Eine Senkung des Mindestumtausches sei nur dann möglich, wenn die Bundesregierung dafür sorgen würde, dass an West-Berliner Wechselstuben DDR-Mark nur zum offiziellen Kurs 1:1 getauscht werden könnten. Das war nun allerdings ein Vorschlag, der bei Helmut Schmidt lediglich Kopfschütteln darüber auslöste, dass Honecker – seit Jahrzehnten an staatlich festgesetzte Preise und Wechselkurse gewöhnt – sich die Funktionsweise von Märkten offenbar gar nicht vorstellen konnte.[9]

So wie das erste Gespräch verlief das ganze Treffen: entspannt, aber weitgehend ergebnislos. Zum Ausklang stand am letzten Tag ein Besuch der Stadt Güstrow auf dem Programm. Es war der 13. Dezember, ein Adventssonntag, und an diesem Tag war die Atmosphäre wirklich gespenstisch. Im Gegensatz zur Abgeschiedenheit von Honeckers Jagdhaus in der Schorfheide musste Honecker in Güstrow mit Sympathiebekundungen der Bevölkerung für Helmut Schmidt rechnen. Um dem vorzubeugen, hatte die Staatssicherheit die notwendigen Vorkehrungen getroffen: Bereits entlang der Fahrstrecke von Schmidt und Honecker wurden ausgewählte Kader «positioniert», die für etwas mehr Jubel auf der Seite sorgen sollten, auf der

[9] Helmut Schmidt: Die Deutschen und ihre Nachbarn, Berlin 1990, S. 70.

**Die mecklen-
burgische
Kleinstadt
Güstrow wäh-
rend des Be-
suchs von
Bundeskanz-
ler Helmut
Schmidt,
13. Dezember
1981**

Honecker saß. Güstrow selbst wurde in eine Geister-
stadt verwandelt. Unliebsamen Personen war deutlich
gemacht worden, dass sie sich dem Zentrum der Stadt
an diesem Tag besser nicht nähern sollten. An ihrer
Stelle bevölkerten eigens herbeigeholte «Jubel-Gü-
strower» den Weihnachtsmarkt.[10] Klaus Bölling, der als
Leiter der Ständigen Vertretung der Bundesrepublik in
Ost-Berlin Helmut Schmidt begleitete, erinnerte sich
später an die Atmosphäre in der Stadt: «Niemals werde ich das unendlich traurige Bild jenes Adventssonn-
tages vergessen: Die Menschen hinter den Gardinen,
die in Abständen von fünf Metern postierten Polizis-
ten, die Legionen von Stasi-Beamten und die stumpf-
sinnigen Jubler auf dem Weihnachtsmarkt, die ihren
Generalsekretär hochleben ließen und denen man sogar einige ‹Helmut, Helmut›-Rufe aufgetragen hatte.
Es war alles so klobig, so beleidigend dilettantisch
und primitiv, dass einige in unserer Delegation für
die Dauer des Aufenthaltes in Güstrow wie gelähmt
waren.»[11]

[10] Stefan Wolle:
Die heile Welt
der Diktatur,
Berlin 1998,
S. 167–169.
[11] Klaus Bölling:
Die fernen Nach-
barn, Hamburg
1983, S. 161.

Der Tag in Güstrow zeigte das ganze Dilemma Honeckers in außenpolitischen Fragen. Er musste nicht nur vor jedem größeren Schritt und vor jeder eigenen Initiative das Einverständnis der sowjetischen Freunde einholen, er musste auch versuchen, die Außenpolitik von der Innenpolitik vollständig abzukoppeln. Die Erfahrung des Besuches von Willy Brandt in Erfurt fast genau 10 Jahre zuvor hatte ihre Spuren hinterlassen. Und gerade nach den Auseinandersetzungen im Vorfeld des Besuches von Helmut Schmidt war es wichtig, der Sowjetunion zu zeigen, dass ein deutsch-deutscher Dialog keine unkalkulierbaren innenpolitischen Risiken in sich barg.

Unabhängig von den Auseinandersetzungen um das Treffen mit Helmut Schmidt, aber zeitlich weitgehend parallel, war Anfang der achtziger Jahre zudem ein Problem entstanden, das bei der sowjetischen Führung die Angst vor einem Auseinanderbrechen des Ostblocks nährte. Zum ersten Mal hatte auch Honecker den Eindruck, dass Leonid Breschnew als Generalsekretär der KPdSU nicht mehr vollkommen Herr der Lage sei, weil er wankelmütig und zögerlich in seinen Entscheidungen wirkte. Im Sommer 1980 hatte sich die innenpolitische Situation in der Volksrepublik Polen dramatisch verschärft. Ausgehend von einem Streik der Arbeiter auf der Danziger Lenin-Werft war das östliche Nachbarland der DDR von einer breiten Bewegung für nationale Selbstbestimmung und Demokratisierung erfasst worden. Am 30. August musste die polnische Partei- und Staatsführung dem Streikkomitee unter Führung Lech Walesas weitgehende Zugeständnisse machen – das wichtigste davon war die Zulassung der unabhängigen Gewerkschaft «Solidarnosc».

[12] Brief Erich Honeckers an Leonid Breschnew vom 26. November 1980, in: Michael Kubina/Manfred Wilke (Hg.): «Hart und kompromißlos durchgreifen». Die SED contra Polen 1980/81, Berlin 1995, S. 122.
[13] Gespräch zwischen Erich Honecker und Stefan Olszowski am 20. November 1980, in: Michael Kubina/Manfred Wilke (Hg.): «Hart und kompromißlos durchgreifen». Die SED contra Polen 1980/81, Berlin 1995, S. 101–122 (111).

Von diesem Moment an war für Honecker klar, dass in Polen die «Konterrevolution» am Werk war. Nachdem das Politbüro ihn dazu ermächtigt hatte, wandte sich Honecker am 26. November 1980 mit einem Schreiben an Breschnew, in dem er um ein gemeinsames Treffen der Führer der Warschauer-Pakt-Staaten bat, um über «kollektive Hilfemaßnahmen für die polnischen Freunde bei der Überwindung der Krise» zu beraten. In dem Brief hieß es: «Nach Angaben, die wir durch verschiedene Kanäle erhalten, greifen konterrevolutionäre Kräfte in der VR Polen ununterbrochen an, und jede Verzögerung ist dem Tod gleich – dem Tod des sozialistischen Polen. Gestern wären unsere Maßnahmen vielleicht vorzeitig gewesen, heute sind sie notwendig, aber morgen können sie schon verspätet sein.» [12] Was Honecker im Extremfall unter «kollektiven Hilfemaßnahmen» verstand, hatte er kurz zuvor in einem Gespräch mit dem polnischen Botschafter in der DDR deutlich gemacht: «Wir sind nicht für Blutvergießen. Das ist das letzte Mittel. Aber auch dieses Mittel muss angewandt werden, wenn die Arbeiter-und-Bauern-Macht verteidigt werden muss.» [13]

Honecker war mit seiner Meinung offenbar nicht allein. Ende November verdichteten sich die Anzeichen auf eine militärische Lösung der polnischen Krise. Um Polen herum wurden Truppen konzentriert und in Alarmbereitschaft versetzt; als Termin für eine Intervention der Truppen des Warschauer Paktes wurde der 8. Dezember festgesetzt. Auch die Nationale Volksarmee der DDR wurde in die Vorbereitungen des Einmarsches einbezogen, der unter dem Deckmantel einer «gemeinsamen Ausbildungsmaßnahme» der Armeen der Sowjetunion, Polens, der Tschechoslowakei und der DDR ablaufen sollte. Honecker schreckte also auch davor nicht zurück, 41 Jahre nach dem Ausbruch des Zweiten Weltkriegs mit deutschen Truppen in Polen einzufallen.

Doch dann kam alles ganz anders. Anfang Dezember wurden die Interventionsvorbereitungen plötzlich abgebrochen und in der Führung der Roten Armee zahlreiche Umbesetzungen vorgenommen – offensichtlich hatte es gravierende Meinungsverschiedenheiten zwischen der politischen und militärischen Führung der Sowjetunion gegeben. Als Ersten traf es den Oberbefehlshaber der in der DDR stationierten sowjetischen Truppen, Armeegeneral Jewgenij Iwanowski. Am 4. Dezember wurde er abberufen und von der SED-Führung demonstrativ herzlich verabschiedet. Am Tag darauf begann in Moskau die Konferenz der Führer der Warschauer-Pakt-Staaten, die Honecker im November angeregt hatte. Hatte es bis vor wenigen Tagen für Honecker noch so ausgesehen, als sollte bei dieser Gelegenheit nur noch die formelle Bestätigung einer ohnehin längst beschlossenen Intervention eingeholt werden, so sah er sich nun getäuscht. Er war der einzige Parteichef, der ein sofortiges militärisches Eingreifen forderte – alle anderen sprachen sich dagegen aus oder wollten, wie zum Beispiel Leonid Breschnew, zumindest noch warten, ob es den polnischen Genossen nicht allein gelingen würde, die Krise zu bewältigen.

Honecker war mehr als skeptisch. An eine innerpolnische Lösung glaubte er nicht. Er hatte kein Vertrauen in den polnischen Parteichef Kania, der ihm zu weich und kompromissbereit war. Die Entwicklung der folgenden Monate schien ihm Recht zu geben.

Doch er konnte in der Situation nichts tun, als abzuwarten, bis sich die Sowjetunion zum Handeln entschließen würde oder so viel Druck auf die polnischen Genossen ausübte, dass diese schließlich handelten, um einer Intervention zuvorzukommen, wie es dann ja auch gekommen ist – aber erst ein Jahr später, im Dezember 1981. Bis dahin war Honecker von tiefer Sorge erfüllt. In mehreren Gesprächen mit führenden polnischen Genossen forderte er ein energischeres Vorgehen; in mehreren Briefen bedrängte er Breschnew, endlich härter durchzugreifen. Zwei Mal, im Mai und im August, traf er sich persönlich mit ihm. Beim ersten Gespräch waren noch der tschechoslowakische Parteichef Husak und andere Politbüromitglieder der KPdSU dabei. Das zweite Treffen war der nun schon zur alljährlichen Tradition gewordene Besuch in Breschnews Urlaubsresidenz auf der Krim. Bei beiden Treffen wirkte Breschnew auf Honecker entschlussunfreudig und ratlos. Es herrschte zwar Übereinstimmung, was die Einschätzung der Lage in Polen anging – das war aber auch schon alles. Auch Breschnew hatte mittlerweile den Eindruck gewonnen, dass man sich auf die jetzige Führung der polnischen Arbeiterpartei nicht mehr verlassen könne, aber er sah auch keine Möglichkeit, die Führungsspitze auszutauschen. Während Honecker betonte, der Warschauer Pakt hätte das Recht zu einer Intervention, wollte Breschnew ein militärisches Vorgehen in dieser Zeit der anwachsenden Ost-West-Spannungen nicht riskieren. Er war mutlos, fast schon resignativ – und schien nicht einmal mehr völlig auszuschließen, dass Polen aus dem Warschauer Pakt ausscheiden würde.[14]

Das war mehr als alarmierend für Honecker. Von

[14] Michael Kubina / Manfred Wilke (Hg.): «Hart und kompromißlos durchgreifen». Die SED contra Polen 1980 / 81, Berlin 1995, S. 40.

der beginnenden Senilität Breschnews hatte er sich bereits vorher aus nächster Nähe ein Bild machen können – auch beim Krim-Treffen war Breschnew nur noch mit Mühe in der Lage, einen Text vorzulesen, den andere für ihn ausgearbeitet hatten –, doch was sich jetzt als Folge seines Autoritätsverfalls bemerkbar machte, war ganz offensichtlich eine Lähmung der gesamten sowjetischen Führung. Aber was sollte Honecker tun? Innerlich bereitete er sich schon darauf vor, was zu unternehmen wäre, wenn Polen tatsächlich aus dem Warschauer Pakt ausscheiden würde. Die Einrichtung einer ständigen Eisenbahnfährverbindung unter Umgehung Polens von Klaipeda (Memel) nach Saßnitz, die – so Honecker wörtlich – vor «Zufälligkeiten» schützen sollte, ist ein Indiz dafür. Aber sonst konnte er nur warten; warten darauf, dass jemand anders im Politbüro der KPdSU die aus seiner Sicht notwendigen Schritte einleiten würde. Im Dezember 1981 war es endlich so weit. Die Falken im sowjetischen Politbüro hatten sich durchgesetzt. Marschall Viktor Kulikow wurde am 7. Dezember mit einem Arbeitsstab nach Polen entsandt. In einem Gespräch mit ihm kam General Wojciech Jaruzelski, der Stanislaw Kania im Oktober 1981 als Parteichef der Polnischen Vereinigten Arbeiterpartei abgelöst hatte, zu dem Schluss, dass es nur noch eine einzige Möglichkeit gäbe, eine militärische Intervention des Warschauer Paktes zu verhindern: Am 13. Dezember verhängte er das Kriegsrecht über Polen. Honecker war vorher über diesen Schritt informiert worden, der genau auf den Tag fiel, an dem er mit Schmidt über den Marktplatz von Güstrow schlenderte. Aus seiner Sicht war die polnische Krise damit zwar noch nicht gelöst, aber die Voraussetzungen für eine Besserung der Lage waren geschaffen. Vor allem hatte sich die Sowjetunion wieder als handlungsfähig erwiesen.

Damit waren, am Ende des Jahres 1981, zunächst beide Konfliktfelder zwischen Honecker und Breschnew bereinigt. Das Treffen zwischen Schmidt und Honecker hatte stattgefunden, und das polnische Problem war endlich gelöst. Doch jetzt zeigte sich, dass die bisherigen Meinungsverschiedenheiten nur die Vorboten eines grundsätzlicheren Konfliktes gewesen waren. Denn zu den außenpolitischen Differenzen kam noch ein gravierender Faktor hinzu: der dramatische wirtschaftliche Niedergang der Sowjetunion, der sich im Sommer 1981 heftig auf die Wirtschaftsbeziehungen zur DDR auswirkte. Am 31. August 1981, kurz nach dem für Honecker so enttäuschend verlaufenen Treffen auf der Krim, schrieb Leonid Breschnew einen Brief an Erich Honecker, in dem er ihm mitteilte, dass die Sowjetunion nicht länger imstande sei, der DDR die vertraglich vereinbarten rund 20 Millionen Tonnen Erdöl zu liefern. Nach einer Serie von Missernten habe die Kremlführung beschlossen, die Öllieferungen an die Bundesgenossen drastisch zu kürzen, um für den Verkaufserlös des Erdöls selber Getreide auf dem Weltmarkt kaufen zu können und eine Hungersnot im eigenen Land abzuwenden. Erich Honecker traf diese Maßnahme wie ein «Dolchstoß»[15]. Das sowjetische Erdöl war auch für die DDR der wichtigste Devisenbringer. Es wurde vor allem zur Herstellung von Chemieprodukten eingesetzt, die wiederum im Westen verkauft wurden. Doch die Proteste gegen die Kürzungen blieben erfolglos. Am 21. Oktober schickte Breschnew seinen ZK-Sekretär für Internationale Ver-

[15] Michael Ploetz: Wie die Sowjetunion den Kalten Krieg verlor, Berlin und München 2000, S. 255.

bindungen, Konstantin Russakow, zu einem geheimen Blitzbesuch in die DDR, um Honecker die sowjetische Entscheidung zu erläutern. Auf Honeckers Bemerkung, die DDR brauche das Öl dringendst, antwortete Russakow: «Ein großes Unglück ist über uns hereingebrochen, wie es seit Bestehen der Sowjetunion keines gegeben hat. Wenn ihr nicht mit uns gemeinsam die Folgen tragt, besteht die Gefahr, dass die Sowjetunion ihre internationale Stellung nicht halten kann. Wir kommen als Bittsteller; wir hoffen, dass ihr uns versteht und wir unsere Würde nicht verlieren. Leonid Iljitsch hat mir aufgetragen: ‹Sage Erich, ich habe geweint, als ich die Briefe geschrieben habe.› Wir haben alles berechnet. Wir können unserem Volk nicht noch mehr zumuten. Die Missernte ist schlimmer als im August eingeschätzt, nicht nur bei Getreide, sondern bei allen Kulturen. Wir hatten außerdem eine große Havarie.»[16] Dafür könne man die DDR nicht haftbar machen, entgegnete Honecker und schilderte eindringlich, welche Folgen eine Kürzung der Erdöllieferungen haben würde: «Bitte fragt Leonid Iljitsch, ob es nötig ist, wegen 2 Millionen Tonnen Erdöl die DDR zu destabilisieren und damit das Vertrauen der Menschen in die Partei- und Staatsführung zu erschüttern. Wir sind tief betroffen von eurem Unglück, obwohl ich keine Details kenne. Aber die DDR muss stabil bleiben.»[17]

Dieses Gespräch zwischen Honecker und Russakow ist die entscheidende Bruchstelle im Verhältnis der beiden ungleichen Partner. Eigentlich unnötig, zu erwähnen, dass es auch nach diesem Gespräch bei der sowjetischen Entscheidung blieb, ab 1982 die Öllieferungen an die DDR um 10 Prozent oder rund

[16] Zit. n. Egon Winkelmann: Moskau, das war's, Berlin 1997, S. 93.
[17] Zit. n. Egon Winkelmann: Moskau, das war's, Berlin 1997, S. 94.

2 Millionen Tonnen Öl zu kürzen. Für Honecker brach damit ein Weltbild zusammen. Deutlicher als Russakow konnte man nicht sagen, dass die Sowjetunion wirtschaftlich nicht mehr in der Lage war, das riesige Imperium der Satellitenstaaten aufrechtzuerhalten. Bereits im Jahr zuvor hatte die Volksrepublik Polen sich für zahlungsunfähig erklären müssen. Auch Rumänien war faktisch pleite und hörte einfach auf, die fälligen Kredite zu bedienen, was die Gläubiger noch mehr irritierte. Auch die Zahlungsfähigkeit der DDR war akut bedroht. Beim Ministerrat der DDR wurde kurzfristig eine «Arbeitsgruppe Zahlungsbilanz» eingerichtet, die wöchentlich über die Verwendung der knappen Devisen wachte. Die Kürzung der sowjetischen Öllieferungen hatte die Situation dramatisch verschärft. Honeckers Fazit: Von nun an musste die DDR eigene Wege gehen – notfalls gegen den Willen des großen Bruders. Die Vorbildfunktion, die die Sowjetunion für Honecker bis dahin gehabt hatte, war schwer erschüttert, vielleicht sogar zerstört.

Wirtschaftliche Hilfe für die DDR konnte jetzt nur noch aus der Bundesrepublik kommen. Schon mit der von Helmut Schmidt geführten Bundesregierung gab es seit Ende der siebziger Jahre Gespräche über einen Milliardenkredit. Doch letztlich war das Projekt immer am Widerstand des Bundeskanzlers gescheitert. Erst der Machtwechsel in Bonn im Oktober 1982 eröffnete neue Möglichkeiten. Ein Treffen zwischen Günter Mittag und dem neuen Bundeskanzler Helmut Kohl war fest vereinbart. Bei diesem Treffen sollte auch über einen Großkredit gesprochen werden. Doch dann kam es am 10. April 1983 zu einem unangenehmen Zwischenfall an der deutsch-deutschen Grenze.

Bei der Vernehmung durch DDR-Grenzbeamte starb der Transitreisende Rudolf Burkert. Die Umstände des Vorfalles sind bis heute rätselhaft. Die Sterbeurkunde vermerkte als Todesursache Herzversagen – doch Verletzungen am Kopf nährten Zweifel an der offiziellen Version. Der bayrische Ministerpräsident Franz Joseph Strauß sprach öffentlich von Mord, und Bundeskanzler Kohl sagte kurzerhand sein Treffen mit Günter Mittag ab.[18]

Was nun begann, ist eines der seltsamsten Kapitel der deutsch-deutschen Geschichte. Unter strengster Geheimhaltung kam es am 5. Mai 1983 zum ersten von insgesamt drei Treffen zwischen Honeckers Devisenbeschaffer Schalck-Golodkowski und Franz Joseph Strauß auf Gut Spöck, dem Haus des Strauß-Intimus Josef März in der Nähe von Rosenheim. Von wem die Initiative zu diesen Treffen ausging, ist unklar. Strauß behauptete in seinen Memoiren, es sei Honecker gewesen, der über Schalck-Golodkowski den Kontakt aufnahm. Schalck-Golodkowski bestreitet dies und vermutet, es sei Josef März gewesen, der die beiden auf eigene Initiative und zum Teil aus Eigennutz zusammenbrachte. März sei als Mitglied des Beirates der Berliner Bank selbst an einem Zustandekommen des Kredites interessiert gewesen. Er habe auch die Idee gehabt, ein Bankenkonsortium als Kreditgeber zu gewinnen und die Bundesregierung nur als Absicherung hinzuzuziehen. Diese zweite Version klingt wahrscheinlicher, denn Strauß galt in der DDR als Inbegriff eines Kalten Kriegers. Von sich aus hätte Honecker einen Kontakt zu ihm kaum als viel versprechend eingeschätzt. Honecker hatte seinem Devisenbeschaffer zudem Instruktionen mit auf den Weg

[18] Heinrich Potthoff: Im Schatten der Mauer, Berlin 1999, S. 216f.

gegeben, die die Aufgabe für Schalck-Golodkowski fast unmöglich machten. Eine unmittelbare Verknüpfung des Kredits mit Verhandlungen über Erleichterungen im innerdeutschen Grenzverkehr und den Abbau der Selbstschussanlagen, wie von der Bundesregierung bis dato gefordert, durfte es nicht geben. Auf keinen Fall sollte nach außen deutlich werden, dass die DDR finanziell erpressbar geworden war.

Umso erstaunlicher war dann das Gespräch selbst, über dessen Verlauf die Versionen von Strauß und Schalck-Golodkowski kaum voneinander abweichen. Honecker sei betroffen gewesen über die Mordäußerung von Strauß, so begann Schalck-Golodkowski die Unterredung, woraufhin Strauß verdutzt aufhorchte: Schalck-Golodkowski sei ja wohl nicht deswegen aus Ost-Berlin gekommen, sondern um mit ihm über die Modalitäten eines Überbrückungskredites zur Entlastung der Zahlungsbilanz der DDR zu sprechen. Sofort war das Gespräch am entscheidenden Punkt: dem Junktim zwischen der Vergabe eines Kredites und Verbesserungen im deutsch-deutschen Besucherverkehr. «Die Praxis der Grenzabfertigung, das Gebrüll und Geschrei, die Schikanen, der Kasernenhofton müssen aufhören», sagte Strauß, und weiter: «Man meint ja wirklich, man kommt in einen Zuchthausstaat, wenn man bei Ihnen als normaler Tourist die Grenze überschreitet.»[19] Strauß wusste nur zu gut, dass für Honecker eine vertragsverbindliche Verknüpfung der Grenzfrage mit der Vergabe eines Kredites nicht annehmbar war, und so schlug er vor, das alles im Sinne eines Gentlemen's Agreement zu regeln, «ohne großen Bahnhof, ohne schriftliche Vereinbarungen»[20]. Schalck-Golodkowski konnte es kaum

[19] Franz Joseph Strauß: Die Erinnerungen, Berlin 1998, S. 523.
[20] Alexander Schalck-Golodkowski: Deutschdeutsche Erinnerungen, Reinbek 2000, S. 295.

glauben, bereits im ersten Gespräch war «die Kuh vom Eis». Aufgewühlt und beglückt fuhr er noch in derselben Nacht nach Berlin zurück, um Honecker Bericht zu erstatten: «Ich freute mich wie ein Schneekönig darauf, meinem Vorgesetzten diese Botschaft übermitteln zu können. Um 4 Uhr morgens war ich zurück in Berlin und fuhr ins Büro. Wie immer hielt ich mich an die Regeln – und diktierte meiner Sekretärin einen Gesprächsvermerk. Um 8 Uhr morgens las Günter Mittag die sensationelle Neuigkeit, um 9 Uhr war ich mit ihm bei Erich Honecker, um 15 Uhr bin ich im Sessel eingeschlafen.» [21]

Honeckers Reaktion ließ ein paar Tage auf sich warten, doch dann war sie umso euphorischer: Er bestellte Schalck-Golodkowski zu sich und diktierte ihm einen Brief, den dieser bei seinem nächsten Treffen Strauß vorlesen sollte. Gegen die Zusicherung strengster Verschwiegenheit – vor allem gegenüber der Presse – versprach Honecker nicht nur freundlichere Grenzkontrollen, sondern er deutete auch an, wovon Strauß wohl nicht einmal geträumt hatte: Er, Honecker, mache sich ernsthafte Gedanken, die Selbstschussanlagen an der innerdeutschen Grenze abzubauen und zu einer «üblichen Grenzsicherung» überzugehen. Mit dem Brief in der Tasche traf sich Schalck-Golodkowski drei Wochen nach der ersten Begegnung wieder mit Strauß. Dieser war vom Bundesgrenzschutz bereits über eine freundlichere Abfertigung an der innerdeutschen Grenze informiert worden – und so stand der Abwicklung des Kredits nichts mehr im Wege, insbesondere da Strauß alle bürokratischen und politischen Bedenken, die bei der Bonner Regierungskoalition bestanden, aus dem Weg räumte.

[21] Alexander Schalck-Golodkowski: Deutschdeutsche Erinnerungen, Reinbek 2000, S. 295–296.

Es ist, nebenbei gesagt, nicht ganz richtig, wenn Gerhard Schürer heute behauptet, der zwischen Honecker und Strauß ausgehandelte Milliardenkredit sei ein «stinknormaler Kredit» gewesen.[22] Stinknormal war er nur in Bezug auf die Kreditbedingungen, also Zinsen und Zahlungsfristen. Richtig ist auch, dass es ein normaler Finanzkredit eines Bankenkonsortiums war, für den die Bundesregierung lediglich die Bürgschaft übernahm. Für die DDR jedoch war es der Durchbruch in einer Phase, als ihre Zahlungsfähigkeit akut bedroht war. Ein weiterer Milliardenkredit folgte bereits im Jahr darauf. Der angesichts der Krise in Polen verhängte Kreditstopp der westlichen Länder war überwunden. Andererseits wird die Bedeutung des Milliardenkredits überschätzt, wenn Schalck-Golodkowski in seinen Memoiren behauptet, damit sei der Untergang der DDR aufgehalten worden, sodass der spätere Zusammenbruch in eine Phase fiel, die sich durch ein weltpolitisch günstigeres Klima auszeichnete.[23] Dem zugrunde liegt die Vorstellung, die DDR wäre 1989/90 so pleite gewesen wie ein bankrottes Unternehmen und wäre aus diesem Grunde zusammengebrochen. Rein rechnerisch mag dies richtig sein, und dennoch ist die Vorstellung irrig. Die DDR wäre nicht Pleite gegangen wie ein kapitalistisches Unternehmen, solange noch der politische Wille bestanden hätte, das System zur Not mit militärischer Gewalt aufrechtzuerhalten. Sie hätte gegenüber den westlichen Geldgebern ihre Zahlungsunfähigkeit erklärt – und hätte weiterbestanden, so wie auch Polen und Rumänien trotz faktischer Zahlungsunfähigkeit weiterbestanden.

Als unmittelbares Ergebnis der erfolgreichen Ver-

[22] Zeitzeugenaussage von Gerhard Schürer, in: Fernsehdokumentation «Die Sekretäre» von Christian Klemke und Jan N. Lorenzen, Mitteldeutscher Rundfunk, 7. Oktober 1999.

[23] Alexander Schalck-Golodkowski: Deutschdeutsche Erinnerungen, Reinbek 2000, S. 303.

Erich Honecker und Franz Joseph Strauß am 24. Juli 1983 im Jagdschloss Hubertusstock

handlungen über den Milliardenkredit wurde Franz Joseph Strauß zu einem privaten Besuch mit Gattin und Sohn in Honeckers Gästehaus Hubertusstock am Werbellinsee empfangen. Seine Gattin sei beeindruckt gewesen von Honeckers Frische, seiner Wendigkeit und geistigen Reaktionsfähigkeit, schrieb Strauß in seinen Memoiren. «Schade, dass er ein Kommunist ist», meinte sie hinterher. Und: «Das ist ein beeindruckendes Mannsbild.»[24] Franz Joseph Strauß selbst beobachtete die seltsame Diskrepanz in der Innen- und Außenwirkung des SED-Generalsekretärs: «Schon nach den ersten Sätzen war ich überrascht, nicht auf jene hölzerne Funktionärsmentalität zu treffen, die der Generalsekretär und Staatsratsvorsitzende bei seinen Fernsehauftritten vermittelt. Honecker tritt nie aus seiner Rolle heraus, aber das Bild maskenhafter Starre, das man sich von ihm macht, stimmt nicht. Im Gegenteil, mein Gedan-

[24] Franz Joseph Strauß: Die Erinnerungen, Berlin 1989, S. 544.

kenaustausch mit ihm war alles andere als eine Aneinanderreihung formelhafter Sprüche.» [25]

Der Milliardenkredit verblüffte die Weltöffentlichkeit, weil er in eine Phase fiel, als sich die internationalen Beziehungen erneut verschärften. Am 23. März 1983 hatte der amerikanische Präsident Ronald Reagan angekündigt, er werde eine Strategische Verteidigungsinitiative (SDI) entwickeln lassen, die unter dem Schlagwort «Krieg der Sterne» berühmt wurde und eine neue Runde im Wettrüsten befürchten ließ. Zudem hatte am 1. September eine sowjetische Militärmaschine wohl versehentlich ein koreanisches Verkehrsflugzeug abgeschossen, das vom Kurs abgekommen und über sowjetisches Territorium geflogen war. Es gab 269 Tote – für die das sowjetische Militär öffentlich die Verantwortung übernehmen musste. Im Herbst 1983 war außerdem die Frist verstrichen, die der Doppelbeschluss der NATO für eine Verhandlungslösung ohne Nachrüstung gesetzt hatte. Als der Deutsche Bundestag nach erbitterter und sehr emotionaler Debatte sich daraufhin für die Stationierung der neuen amerikanischen Pershing-2-Raketen in der Bundesrepublik, dem wichtigsten Stationierungsland, aussprach, brach die sowjetische Delegation am 23. November die Abrüstungsverhandlungen in Genf ab. In dieser Situation nahm Honecker erneut gegen die Sowjetunion Stellung – und diesmal öffentlich. In einem Zeitungsinterview bezeichnete er sowohl die amerikanischen als auch die sowjetischen Raketen als «Teufelszeug» und vertrat die Ansicht, dass trotz der beginnenden Nachrüstung weiterverhandelt werden müsse, um die atomare Bedrohung Europas zu verringern.

[25] Franz Joseph Strauß: Die Erinnerungen, Berlin 1989, S. 537.

Hatte man Honecker im Westen bis dahin für einen verkappten Altstalinisten und bedingungslosen Gefolgsmann der Sowjetunion gehalten, mit dem man notgedrungen reden müsste, um Verbesserungen im Bereich der Familienzusammenführung und der Besuchsregelungen für Westdeutsche in der DDR zu erreichen, so galt er ungeachtet seiner repressiven Innenpolitik unter bundesdeutschen Politikern und Journalisten von nun an als Querdenker unter den Machthabern des Ostblocks – vergleichbar etwa mit Nicolae Ceauçescu, der 1968 seine Zustimmung zum Einmarsch in die ČSSR verweigert hatte und damit schon früh deutlich gemacht hatte, dass er nicht bereit war, Moskau auf allen Wegen zu folgen. Besonders Bundeskanzler Helmut Kohl entwickelte in den nächsten Jahren ein vertrauliches und sogar sehr persönliches Verhältnis zu Honecker. Obwohl es ihm nach 1989 etwas peinlich war, bezeichnete er es als «irgendwie menschlich, wenn auch seltsam» [26].

Mehrmals im Jahr telefonierten die beiden führenden deutschen Staatsmänner miteinander und tauschten über Kontaktpersonen vertrauliche Mitteilungen aus. Das meiste davon ist nicht wirklich bemerkenswert, auch wenn das Ausmaß an Vertraulichkeiten und Smalltalk, als es bekannt wurde, die Öffentlichkeit überrascht hat. Doch es war gerade Kohls Verhandlungstaktik, durch persönliche Gespräche Vertrauen zu schaffen, um dieses Vertrauen dann für die Verhandlungen in der Sache zu nutzen. Zwei Dinge sind bei den Kontakten zwischen Honecker und Kohl aber doch bemerkenswert. Das eine ist, dass Helmut Kohl keinerlei Versuche machte, im Zuge des deutsch-deutschen Dialogs die Opposition in der DDR zu er-

[26] Zit. n. Heinrich Potthoff: Im Schatten der Mauer, Berlin 1999, S. 228.

167

mutigen, und sich auch durch Verhaftungen prominenter Dissidenten von freundlichen Kontakten zur DDR-Führung nicht abbringen ließ. In einem der zahlreichen Telefonate, die Erich Honecker mit Helmut Kohl führte, sicherte der Kanzler dem Generalsekretär zu: «Sie können vor allem davon ausgehen, das glaube ich, ist sehr wichtig: Sie sprechen hier mit einem Mann, der nichts unternehmen wird, um Sie in eine ungute Lage – ich will es nicht näher interpretieren –, in eine ungute Lage zu bringen.»[27] Diese Bemerkung ist, als sie nach der Öffnung der Archive bekannt wurde, natürlich mit Empörung aufgenommen worden. Das Versprechen, nichts zu tun, was Honeckers Herrschaft in der DDR hätte gefährden können, passte nicht in das Bild, das man sich von einem Bundeskanzler gemacht hatte, der in seinen Regierungserklärungen immer wieder darauf hingewiesen hatte, dass die DDR ein «Unrechtsstaat» sei. Schlagartig machte Kohls Äußerung die Diskrepanz deutlich, die zwischen der tatsächlichen Politik und der öffentlichen Darstellung dieser Politik bestanden hatte. Auch in Bezug auf den Milliardenkredit wurde Kohl nun gefragt, ob er die «Gefahr» nicht erkannt habe, dass damit eine Stabilisierung der DDR eintreten würde. Er räumte ein, dass dies so gewesen sei, dabei war das Wort «Gefahr» in diesem Zusammenhang eigentlich völlig fehl am Platze. Auch wenn sie von der demokratischen Legitimität der Staatsführung in Ost-Berlin niemals überzeugt war, so war es doch nie das Ziel einer Bundesregierung, die DDR zu destabilisieren, solange sowjetische Gegenmaßnahmen zu erwarten waren. Die Volksaufstände in der DDR 1953 und 1956 in Ungarn, der Prager Frühling 1968 und die Verhän-

[27] Zit. n. Heinrich Potthoff: Im Schatten der Mauer, Berlin 1999, S. 227.

gung des Kriegsrechtes in Polen 1981 hatten dem Westen seine eigene Ohnmacht in solchen Situationen mehr als einmal vor Augen geführt. Mit Rücksicht auf die öffentliche Meinung und vor allem auf die Stimmung in seiner eigenen Partei, der CDU, hat Kohl dies allerdings nie deutlich ausgesprochen.[28]

Das zweite Bemerkenswerte am Dialog zwischen Honecker und Kohl ist, dass der Milliardenkredit und die Anerkennung als Staatsmann und «Friedenspolitiker» für Honecker offenbar so wichtig waren, dass er dafür eine erneute Verschlechterung seiner Beziehungen zur Sowjetunion in Kauf nahm. Trotz der wachsenden internationalen Spannungen hatte er es gewagt, in einem Brief an Kohl eine «Koalition der Vernunft» anzuregen, die ein «Abgleiten der Menschheit in eine nukleare Katastrophe» verhindern sollte.[29] Helmut Kohl wiederum hatte die bereits von seinem Vorgänger Helmut Schmidt ausgesprochene Einladung nach Bonn erneuert – und obwohl Honecker keine Erlaubnis aus Moskau zu einem Staatsbesuch in der Bundesrepublik hatte, ging er nun daran, sich seinen Traum endlich zu erfüllen.

In der Sowjetunion hatten sich in der Zwischenzeit gravierende Veränderungen vollzogen. Leonid Iljitsch Breschnew war gestorben. Mit seinem Nachfolger Jurij Andropow hatte sich Honecker noch leidlich verstanden, aber Andropow starb, nur gut ein Jahr nachdem er das Amt des Generalsekretärs der KPdSU übernommen hatte. Auf ihn folgte Konstantin Tschernenko, ein Mann, der schon in den letzten Jahren der Herrschaft Breschnews im Hintergrund die Fäden gezogen hatte und dem enge Kontakte zum Militärisch-Industriellen Komplex nachgesagt wurden. Noch we-

[28] Heinrich Potthoff: Im Schatten der Mauer, Berlin 1999, S. 227.
[29] Brief von Erich Honecker an Helmut Kohl, 5. Oktober 1983, zit. n. Heinrich Potthoff: Im Schatten der Mauer, Berlin 1999, S. 223.

Konstantin Tschernenko

[30] Zit. n. Karl-Rudolf Korte: Deutschlandpolitik in Helmut Kohls Kanzlerschaft, Stuttgart 1998, S. 206.

niger als Breschnew war er ein Freund von Honeckers ehrgeiziger Außenpolitik. Seit mehreren Jahren schon hatte er die deutsch-deutschen Vertraulichkeiten mit Argwohn beobachtet. Besondere Sorgen machte er sich aber wegen der zunehmenden finanziellen Abhängigkeit der DDR von der Bundesrepublik. Alle Schritte Honeckers ließ Tschernenko genau überwachen, und er machte ihm deutlich, dass ein Besuch in Bonn zurzeit nicht erwünscht sei. Doch Honecker blieb stur. Die Besuchsvorbereitungen, die in Bonn über Kanzleramtsminister Philipp Jenninger liefen, wurden immer konkreter, ein genauer Termin wurde ins Auge gefasst, und das Besuchsprogramm war fast fertig. Das alles blieb der Sowjetführung natürlich nicht verborgen – nicht nur der KGB war aktiv, auch unter den SED-Politbüromitgliedern gab es Zuträger – und bevor es zu spät war, griff Tschernenko zu einer drastischen Maßnahme. Am 27. Juli 1984 erschien in der Prawda ein scharfer, gleichermaßen gegen die Bundesrepublik und die DDR gerichteter Artikel, der in Bonn sofort als Vorbote einer Besuchsabsage Honeckers gedeutet wurde. Als Staatsminister Philipp Jenninger daraufhin besorgt zum Telefon griff, um Honecker direkt zu fragen, antwortete dieser: «Die Außenpolitik der DDR wird in Berlin gemacht und nicht in Moskau.» [30]

Doch das war nur ein Wunschtraum. Wieder einmal

überschätzte Honecker seinen Handlungsspielraum. Nachdem der erste Artikel keine Wirkung gezeigt hatte, setzte die Prawda unter dem Titel «Auf falschem Wege» noch einmal nach. Nicht nur einmal, so hieß es in dem Artikel, sei in Bonn der ökonomische Hebel zur Änderung der Nachkriegsordnung in Europa und zur Destabilisierung der DDR angesetzt worden. «Jetzt gibt es eine Vereinbarung zwischen der Deutschen Bank und der Außenhandelsbank der DDR über die Ausreichung eines Kredits. Das alles läuft nicht auf die Erweiterung humaner Ziele hinaus, worüber die BRD so gern spricht, sondern auf den Versuch, neue Kanäle der politisch-ideologischen Beeinflussung zu erhalten.»[31] Das war überdeutlich. Honecker sah sich gezwungen, klein beizugeben. Vom großen Bruder öffentlich gerügt – das war ihm noch nie passiert. Ob er es war, der nun um ein klärendes Gespräch mit Tschernenko bat, oder ob er zu einem Geheimtreffen in den Kreml förmlich einbestellt wurde, darüber gehen die Aussagen der Beteiligten auseinander – über den Inhalt des Gespräches nicht. «Honecker hatte, was vielleicht nur er in diesem Augenblick wusste, die Wahl zwischen dem wirtschaftlichen Bankrott der DDR, wenn die Westkredite ausblieben, oder dem politischen Meuchelmord, wenn sie denn kämen. Er tanzte auf einem Vulkan», so charakterisierte der damalige Botschafter der DDR in Moskau die Situation.[32]

Wie immer umarmte Honecker Tschernenko zur Begrüßung. Als Gast durfte er als Erster sprechen. Fast anderthalb Stunden dauerte sein Vortrag, in dem er seine Politik verteidigte. Danach erst kam Tschernenko zu Wort, und seine Antwort war vernichtend. In

[31] Zit. n. Egon Winkelmann: Moskau, das war's, Berlin 1997, S. 165.
[32] Egon Winkelmann: Moskau, das war's, Berlin 1997, S. 165 f.

scharfer Form wies er Honeckers Formulierung von der «Koalition der Vernunft» zurück. Sie würde nur von westlichen Politikern ausgenutzt, um «ihre Politik zu tarnen». Marschall Ustinow ging noch weiter. Er erklärte, der Kurs der DDR würde die Sicherheitsinteressen der Sowjetunion berühren. Bei derart vielen Besuchskontakten zwischen der Bundesrepublik und der DDR wäre im Kriegsfalle die Loyalität der Nationalen Volksarmee nicht mehr gewährleistet. Auch würde Spionage für die NATO dadurch begünstigt. Das Hauptproblem für die Sowjetführung war jedoch der Milliardenkredit selbst. Hierbei ginge es «um finanzielle Abhängigkeiten der DDR von der BRD», führte Tschernenko aus. Dies gefährde die innere Sicherheit der DDR: «Die Ereignisse in Polen sind eine schwer wiegende Lehre, aus der man Schlussfolgerungen ziehen sollte.»[33]

Das war ein harter Vorwurf – und er traf Honecker unvorbereitet. Gerade innenpolitisch hatte er sich nichts zuschulden kommen lassen. Als Anfang der achtziger Jahre auch in der DDR eine Friedensbewegung entstand, die unter dem Motto «Schwerter zu Pflugscharen» agierte und sich nicht nur gegen das Wettrüsten in Ost und West, sondern auch gegen die Militarisierung der DDR-Gesellschaft wandte, hatte Honecker diese radikal unterdrücken lassen. Dass die DDR trotzdem mit Polen verglichen wurde, konnte er nicht verstehen. Er begriff nicht, dass er mit seiner Politik der letzten Jahre ein seit dem Ende des Zweiten Weltkrieges bei allen sowjetischen Führern immer latent vorhandenes Misstrauen neu genährt hatte. Einige Mitglieder des Politbüros fürchteten sogar, dass die beiden deutschen Staaten sich hinter dem Rücken

[33] Zit. n. Hans-Hermann Hertle: Die Diskussion der ökonomischen Krisen in der Führungsspitze der SED, in: Theo Pirker u. a. (Hg.): Der Plan als Befehl und Fiktion, Opladen 1995, S. 309–345 (329).

der Siegermacht Sowjetunion miteinander verständigen, eine Konföderation oder etwas Ähnliches vereinbaren und das Ergebnis des Krieges revidieren würden. Honecker war aus dieser Perspektive zwar ein Kommunist, aber er blieb doch immer ein Deutscher, dem man nicht hundertprozentig vertrauen durfte. Natürlich war dieses Misstrauen irrational – und natürlich konnte Honecker es schon deshalb nicht verstehen, weil er sich aufgrund seiner Biographie über jeden Zweifel erhaben fühlte. Umgekehrt gab es bei Honecker eine ähnliche, ebenfalls nur latent vorhandene Angst, die allerdings erst später, in der Zeit Michail Gorbatschows voll zum Tragen kam. Er fürchtete, die Freunde in Moskau wären unter bestimmten, für die Sowjetunion vorteilhaften Bedingungen dazu bereit, die DDR aufzugeben.

Gegen das sowjetische Misstrauen waren Honeckers Argumente jedenfalls wirkungslos. Was immer Honecker bei seinem Spitzengespräch mit Tschernenko zu seiner Verteidigung vorbrachte, verfehlte sein Ziel und ließ die Fronten noch weiter verhärten. Herbert Häber, der als Leiter der Westabteilung des ZK Mitglied in Honeckers Delegation war, erinnert sich, dass die Situation am Ende des Gespräches so zugespitzt gewesen sei, «dass Honecker bedeutet wurde, er selbst stünde zur Disposition, wenn er nicht die Reise nach Bonn absage»[34].

Wie sehr Honeckers Stuhl wackelte, hatte kurz zuvor bereits Egon Krenz, das jüngste Mitglied des SED-Politbüros, erfahren. Bei einer Wirtschaftskonferenz in Moskau hatte Ustinow ihn in einer Sitzungspause zu einer Tasse Tee eingeladen: «Also, Genosse Krenz», begann der sowjetische Verteidigungsminister das

[34] Interview von Peter Nöldechen mit Herbert Häber, in: Westfälische Rundschau, 15. April 1998, zit. n. Detlef Nakath / Gerd-Rüdiger Stephan: Die Häber-Protokolle, Berlin 1999, S. 17; vgl. Egon Winkelmann: Moskau, das war's, Berlin 1997, S. 165f.

Gespräch, «Sie sind in Ihrem Politbüro der Jüngste. Sie müssen einmal das Erbe übernehmen. Sehen Sie nicht, dass Ihr Chef alles verspielt?» Krenz war konsterniert. Zuerst vermutete er eine Prüfung seiner Loyalität zu Honecker, doch Ustinow wurde noch deutlicher: «Meinen Sie nicht, dass die Zeit Ihres Generalsekretärs abgelaufen ist? Wollen Sie dies nicht in Ihrem Politbüro besprechen?» – «Honeckers Autorität ist groß», antwortete Egon Krenz. «Ich kenne niemanden im Politbüro oder im Zentralkomitee, der ihm sein Vertrauen entziehen würde.» [35]

Die Antwort war typisch für Egon Krenz, der immer darauf bedacht war, sich nach allen Richtungen abzusichern. Aber er schätzte die Situation wohl richtig ein. Honeckers Machtbasis im Politbüro und im Zentralkomitee war trotz seiner vielen Alleingänge noch weitgehend intakt, und er stand im Zenit seines internationalen Ansehens. Ganz so einfach war es auch für die sowjetischen Genossen nicht, Honecker nach Gutdünken abzusetzen. Was Honecker jedoch, abgesehen von der Absage seines Besuches in Bonn, nach alter stalinistischer Tradition brauchte, um seinen eigenen Kopf zu retten, war ein Bauernopfer. Herbert Häber, der Honeckers wichtigster deutschlandpolitischer Berater gewesen war, wurde «aus gesundheitlichen Gründen» aus dem Politbüro der SED ausgeschlossen und im Januar 1986 in die psychiatrische Station des Bezirkskrankenhauses von Bernburg eingewiesen.

Als das Jahr 1984 zu Ende ging, herrschte Schweigen zwischen der DDR und der Sowjetunion. Vor den Kulissen wurde das alte Theaterstück zwar weitergespielt – Honecker war in dieser Beziehung ein exzellenter Schauspieler; bei öffentlichen Auftritten zu-

[35] Egon Krenz: Herbst '89, Berlin 1999, S. 61.

174

sammen mit Tschernenko ließ er sich nichts anmerken; auch das Begrüßungsritual des dreifachen Bruderkusses wurde beibehalten –, doch nur ein kompletter Neuanfang hätte die Risse im Verhältnis zwischen der DDR und der Sowjetunion noch kitten können.

Die Chancen dafür standen nicht schlecht. Im Dezember starb zunächst Verteidigungsminister Ustinow, Honeckers ärgster Widersacher. Auch Konstantin Tschernenko war schon alt und wurde nur noch durch die Kunst der Ärzte am Leben erhalten. Als er im März 1985 starb, war der Weg frei für einen Mann, der versprach, das erstarrte sozialistische System zu reformieren, und der innerhalb weniger Monate zu einem Star der internationalen Politik wurde: Michail Gorbatschow.

Perestroika und Absetzung

Als Michail Gorbatschow im März 1985 neuer Generalsekretär des ZK der KPdSU wurde, konnte niemand ahnen, dass bereits fünf Jahre später das kommunistische Weltreich aufhören würde zu existieren. Und doch scheint im Rückblick die Perestroika bereits gescheitert, bevor sie überhaupt begann. Die Sowjetunion hatte sich kaputtgerüstet. Der Versuch, mit neuen Generationen strategischer und operativer Waffen den Rüstungswettlauf gegen den Westen zu gewinnen, hatte die letzten Reserven des Landes verbraucht und lange vor der Perestroika ruiniert. Das ganze Ausmaß des Desasters wird auch Gorbatschow bei seinem Amtsantritt nicht klar gewesen sein. Spätestens 1989 jedoch begann er zu zweifeln, ob seine

Michail Gorbatschow

Reformen noch rechtzeitig kommen würden, um die Sowjetunion zu retten. Sein berühmter, bei seinem Besuch in Berlin im Oktober 1989 getätigter Ausspruch «Wer zu spät kommt, den bestraft das Leben» ist immer sehr einseitig als Aufforderung an den reformunwilligen Honecker interpretiert worden, endlich zu handeln. Das war es natürlich auch, und sogar in allererster Linie, aber vielleicht war schon die leise Ahnung dabei, dass er selbst zu spät gekommen war.

Im Jahre 1985 jedoch war Gorbatschow die Verkörperung der Hoffnung. Endlich schien die lange Herrschaft alter Männer in der Sowjetunion zu Ende zu gehen, endlich schickte sich jemand an, die Stagnation zu überwinden und das Land innen- und außenpolitisch wieder handlungsfähig zu machen.

Honeckers Haltung zu Gorbatschow war von Beginn an zwiespältig. Honecker wusste, wie nötig Reformen in der Sowjetunion waren, und so begrüßte er Gorbatschows Machtantritt und den Elan, mit dem er an seine neue Aufgabe ging. Auch war das, was in Gorbatschows erstem Regierungsjahr in der Sowjetunion geschah, aus Honeckers Sicht keineswegs beunruhigend. Von den Entwicklungen, die später mit den Begriffen Perestroika und Glasnost beschrieben wurden, war noch nicht viel zu spüren. Bei seiner Antrittsrede beschwor Gorbatschow vielmehr Kontinuität und schien sogar bestrebt, die Blockdisziplin innerhalb der sozialistischen Staatengemeinschaft wieder zu stärken – was durchaus im Sinne Honeckers war. Und doch gab es eine Reihe von Faktoren, die den Aufbau eines persönlichen Vertrauensverhältnisses zwischen Gorbatschow und Honecker verhinderten – lange bevor unüberbrückbare politische Differenzen eine Verständigung ohnehin unmöglich machten. Nur für eine ganz kurze Zeit, im ersten halben Jahr nach Gorbatschows Amtsübernahme, schien ein solches Vertrauensverhältnis überhaupt möglich zu sein. Dann folgte eine Periode, in der beide aneinander vorbeiredeten, spätestens ab 1987 war es unübersehbare Feindschaft.

Honecker hatte drei sowjetische Generalsekretäre kommen und gehen sehen. Er war der Herr über den Staat mit dem höchsten Lebensstandard im Ostblock und glaubte die DDR unter den 10 stärksten Industrienationen der Welt. Obwohl an der heißesten Systemgrenze Europas gelegen, war sein Land politisch stabil wie kaum ein anderes im Warschauer Pakt. Obwohl ARD und ZDF fast überall in der DDR gesehen werden konnten und ungestört Gedankengut des Klassenfeindes verbreiteten, stellte die Oppositionsbewegung für die Staatssicherheit kein wirkliches Problem dar. Auch die Spionageabteilung des MfS, die Hauptabteilung Aufklärung des Ministeriums für Staatssicherheit, hatte spektakuläre Erfolge bei der Beschaffung geheimer NATO-Materialien, die regelmäßig an die sowjetischen Genossen weitergereicht wurden. Die Nationale Volksarmee galt als schlagkräftiger, als es ihre zahlenmäßige Stärke vermuten ließ, und im Sport war die DDR schon lange eine Weltmacht. Kurz gesagt: Honecker fühlte sich aufgrund seiner Erfahrungen und seiner Erfolge als Doyen unter den Machthabern des Ostblocks, als Erster unter Gleichen, zudem als Experte für die Ost-West-Beziehungen. Wirklich ausgesprochen hat er diese Ansicht natürlich nie, aber seine Haltung wurde durch verschiedene Andeutungen und Bemerkungen am Rande gut sichtbar.

Dass der erste Mann des Ostblocks aber seit jeher in Moskau saß, daran konnte auch Honecker nichts ändern. Doch was war das für ein Mann, der jetzt in Moskau regierte? Schon Gorbatschows Alter bereitete Probleme: Er war fast 20 Jahre jünger als Honecker, der Abstand einer ganzen Generation. Als Honecker am Ende des Zweiten Weltkriegs aus der Haft befreit wurde, war Gorbatschow gerade 14. Als Honecker 1971 zum Ersten Sekretär des ZK der SED gewählt wurde, war Gorbatschow gerade zum Ersten Sekretär des Gebietskomitees von Stawropol gewählt worden. Erst Ende 1978 war Gorbatschow nach Moskau gekommen und ein Jahr später als Kandidat ins Politbüro aufgestiegen. Und so ist zwischen Honecker und Gorbatschow genau die Situation entstanden, die schon des Öfteren für Konflikte im Machtgefüge des Ostblocks und im sowjetisch-ostdeutschen Verhältnis gesorgt hatte: So wie Breschnew für Walter Ulbricht keine Autorität gewesen war, so war nun Gorbatschow keine unangreifbare Autorität für Erich Honecker.

Neben dem Altersunterschied war es die jüngste Vergangenheit, die das Verhältnis der beiden von Anfang an belastete. Honecker befand sich ja schon seit Jahren in einem nur mühsam verdeckten Streit mit der sowjetischen Führung. Wie groß der Anteil Gorbatschows an diesem Konflikt war, ob er sich in Bezug auf die DDR und Honeckers Politik als Hardliner entpuppen würde, wusste er noch nicht. Jedenfalls glaubte er sich im Recht – und erwartete von Gorbatschow wenn nicht eine Geste der Entschuldigung, dann aber zumindest ein klärendes Gespräch.[1]

Doch dazu ist es nie gekommen. Die ersten beiden Treffen mit Gorbatschow in seiner neuen Funktion im

[1] Frank-Joachim Herrmann: Der Sekretär des Generalsekretärs, S. 93 f.

Mai 1985 in Moskau und im Oktober in Sofia verliefen sehr steif und distanziert. Die enorme Spannung, die bei den letzten Begegnungen zwischen Honecker und Tschernenko geherrscht hatte, konnte zwar überwunden werden, aber die von Honecker erhoffte explizite Würdigung seiner Lebensleistung blieb aus. Geradezu trotzig und kindisch begann Honecker daraufhin, sich in Gorbatschows Gegenwart selbst zu loben und die politische Stabilität und den wirtschaftlichen Erfolg der DDR herauszustreichen. Er erreichte damit freilich nur, dass Gorbatschow sich irritiert abwandte. «Honecker war, wie mir schien, irgendwie gehemmt, er vermochte nicht, die Gebärde des Offiziellen abzulegen», schrieb Gorbatschow später. Er wurde nicht recht warm mit seinem Statthalter in Ost-Berlin.[2]

Auch in den Sachfragen, die in den vergangenen Jahren den Zündstoff in den Beziehungen Honeckers zur sowjetischen Führung geliefert hatten, zeigte sich bald, dass keine Besserung in Sicht war. Die Wachstumsraten der Wirtschaft hätten sich dramatisch verschlechtert, führte Gorbatschow bei einem der Treffen mit Honecker aus, zudem erfülle die Sowjetunion eine besondere Verantwortung für die Verteidigung des Sozialismus. Insbesondere die Höhe der Rüstungsausgaben wirke sich negativ auf die wirtschaftliche Bilanz aus. Kühl schlussfolgerte er, dass die «Möglichkeiten der Sowjetunion, Rohstoffe gegen verarbeitete Produkte anderer Länder zu liefern, erschöpft sind»[3].

Dies war das Gegenteil dessen, was sich Honecker erhofft hatte, aber er hatte sich damit abgefunden, von der Sowjetunion keine wirtschaftliche Hilfe mehr zu erhalten, und brachte dafür sogar ein gewisses Ver-

[2] Michail Gorbatschow: Erinnerungen, Berlin 1995, S. 930.
[3] Zit. n. Egon Winkelmann: Moskau, das war's, Berlin 1997, S. 217/218.

ständnis auf. Der Preis, den Gorbatschow dafür zahlen musste, war allerdings, dass Honecker von nun an noch selbstgefälliger und arroganter auftrat: «Ich möchte keine Vergleiche anstellen, aber doch darauf hinweisen, dass wir 1970 ebenfalls vor einer schwierigen Situation standen», belehrte er Gorbatschow im Oktober 1985, «es hatten sich bestimmte Disproportionen in der Volkswirtschaft entwickelt, Fragen der Versorgung, insbesondere mit Lebensmitteln, Konsumgütern und Wohnungen, mussten gelöst werden. Die notwendigen Veränderungen sind damals vom VIII. Parteitag des SED beschlossen worden. Damit ist der Kurs der Einheit von Wirtschafts- und Sozialpolitik eingeleitet worden.»[4]

Die «Einheit von Wirtschafts- und Sozialpolitik» – das war Honeckers Perestroika gewesen. Auch hierin glaubte er sich Gorbatschow also 14 Jahre voraus. Und als Gorbatschow begann, ihn dazu zu drängen, auch in der DDR die notwendigen Reformen in Angriff zu nehmen, verstand Honecker gar nicht, was Gorbatschow eigentlich von ihm wollte. Er kannte die schlechte Versorgungslage in der Sowjetunion und verglich sie mit der bei sich zu Hause in der DDR – wieso sollten da die sowjetischen Zustände erstrebenswert sein?

Bei einer späteren Gelegenheit hat Honecker angesichts von Forderungen aus studentischen Kreisen diese Position noch einmal klar umrissen: «Diesen Studenten würde ich empfehlen, auf das tägliche Frühstück zu verzichten, auf die entsprechenden Heimunterkünfte zu verzichten, auf die entsprechende Kleidung zu verzichten, auf all das, was man durch Perestroika erst erreichen will.»[5] Dass die Menschen in seinem Land und in der ganzen Welt fasziniert wa-

[4] Zit. n. Egon Winkelmann: Moskau, das war's, Berlin 1997, S. 219.
[5] Zit. n. Jochen Staadt: Honecker tänzelte, in: Frankfurter Allgemeine Zeitung, 7. Oktober 1999, S. 12.

ren vom neuen Mann im Kreml, weil der sich nicht mehr bei protokollarisch genau geregelten Besuchen im ganzen Land nur sagen ließ, dass alles zum Besten stünde, sondern alles genau wissen wollte – «entweder wir reden offen, oder unser Gespräch hat überhaupt keinen Sinn» –, dass die halbe Welt vor dem Fernseher saß und staunte – das konnte Honecker nicht begreifen, es verletzte ihn geradezu persönlich. Die Beachtung, die Gorbatschow geschenkt wurde, empfand er gleichzeitig als eine Missachtung seiner Person und als Undankbarkeit gegenüber dem, was in der DDR in den vergangenen Jahrzehnten aufgebaut worden war. Auch ging ihm Gorbatschows Offenheit, über alle Probleme zu reden, zu weit. Als Gorbatschow Honecker einmal fragte, wie er denn an seiner Stelle auf bestimmte Bemerkungen von Arbeitern in einem Betrieb geantwortet hätte, antwortete Honecker, er hätte reagiert wie der sächsische König Friedrich-August III. bei seiner Abdankung 1918: «Macht doch euren Dreck allein.»[6] Tatsächlich hatte Honeckers Attitüde bei seinem eigenen Abgang wenige Jahre später viel Ähnlichkeit mit der beleidigt-resignativen Machtmüdigkeit des letzten sächsischen Königs.

Schon sehr früh machte Honecker klar, wie er zur Perestroika stand, als er auf dem XI. Parteitag der SED im April 1986 an Gorbatschow gewandt sagte: «Alles Gute, liebe Genossen, bei der Umgestaltung, aber wir gehen unseren eigenen Weg.» Damit war das Verhältnis zwischen der DDR und der Sowjetunion wieder an dem Punkt angekommen, an dem es vor Gorbatschows Amtsantritt schon einmal gewesen war. Aber Gorbatschow war nicht Tschernenko, und sein eigenwilliger Bündnispartner Honecker war zu der Zeit

[6] Günter Sieber: Schwierige Beziehungen, in: Hans Modrow (Hg.): Das große Haus, Berlin 1994, S. 71–96 (84).

nicht sein Hauptproblem. Er wusste ja selbst noch nicht, wohin genau Perestroika und Glasnost führen würden, und es war nicht sein Stil, den anderen sozialistischen Ländern Osteuropas das sowjetische Modell aufzuzwingen. Er konnte appellieren, er konnte versuchen, mit Argumenten zu überzeugen – aber mehr auch nicht. Nur in einer Beziehung blieb Gorbatschow Honecker gegenüber genauso hart wie seine Vorgänger: Er wollte verhindern, dass Honecker nach Bonn fuhr.

Es war der anhaltende Widerstand Gorbatschows gegen Honeckers geplante Reise in die Bundesrepublik, der das Verhältnis zwischen den beiden zur offenen Feindschaft werden ließ. Breschnews und Tschernenkos Veto gegen eine Reise in die Bundesrepublik hatte Honecker noch zähneknirschend eingesteckt, doch mit Gorbatschow gab es offenen Streit. Am Rande des XI. Parteitags 1986 verkündete Gorbatschow vor dem gesamten Politbüro: «Lieber Erich, ich weiß, du hast die Absicht, in die Bundesrepublik zu fahren. Doch ich muss dir sagen, dass wir das nicht für gut halten. Was soll ich meinem Volk sagen, wenn du jetzt die revanchistische BRD besuchst?» Honecker widersprach: «Und was soll ich meinem Volk sagen, das den Frieden will?»[7] Da war er wieder, der Entspannungspolitiker Honecker, der im Westen so beliebt war, weil er auch in Zeiten sowjetischen Schweigens den Gesprächsfaden nicht abreißen lassen wollte. Und von der Entspannungspolitik Gorbatschows konnte noch nicht die Rede sein.

Honecker verstand die Ablehnung seiner Reisepläne nicht. Die offizielle Begründung war fadenscheinig, inoffiziell hieß es, dass Gorbatschow selbst

[7] Zit. n. Günter Schabowski: Das Politbüro, Reinbek 1990, S. 35f.

der Erste sein wollte, der in die Bundesrepublik fahren würde. Er wollte sich die «Geschäftseröffnung» mit der Bundesrepublik sichern, wie Günter Sieber, der damalige Leiter der ZK-Abteilung für Internationale Verbindungen, einmal schrieb[8], und das, obwohl eine Reise nach Bonn für ihn selbst vorerst nicht infrage kam, weil Bundeskanzler Kohl Gorbatschow in einem Interview mit der amerikanischen Zeitschrift «Newsweek» mit Goebbels verglichen hatte.

Honecker fühlte sich durch Gorbatschows Verbot gekränkt und wurde ungeduldig. Vielleicht war auch ein wenig Heimweh dabei, gespeist durch die Sorge, seinen Heimatort Wiebelskirchen und seine dort immer noch lebende Schwester nie mehr wieder zu sehen. Dem sowjetischen Botschafter in der DDR, Wjatscheslaw Kotschemassow, einem alten Jugendfreund, schüttete er sein Herz aus: «Wie muss man das verstehen? Als Misstrauen mir gegenüber oder als Unwillen, in Rechnung zu stellen, dass diese Reise im gemeinsamen Interesse liegt? Es kommt heraus, andere dürfen, und ich darf nicht. Und das in dem Augenblick, da ich erstmalig zu einem Staatsbesuch eingeladen wurde und sich die Möglichkeit ergibt, mit der BRD gleichberechtigte zwischenstaatliche Beziehungen aufzubauen.»[9] Auch Kotschemassow verstand das Veto Gorbatschows nicht, und er setzte sich offensichtlich dafür ein, Honecker die Reise zu erlauben. Schließlich konnte er im Sommer 1987 die sowjetische Erlaubnis zum Besuch in der Bundesrepublik überbringen. Honecker stand in der Mitte seines Arbeitszimmers, als Kotschemassow ihn aufsuchte – aufgeregt und voller Aufmerksamkeit, so als ob er spürte, was kommen würde. «Wir setzten uns. Er hörte zu, machte Notizen.

[8] Günter Sieber: Schwierige Beziehungen, in: Hans Modrow (Hg.): Das große Haus, Berlin 1994, S. 71–96 (88).

[9] Wjatscheslaw Kotschemassow: Meine letzte Mission, Berlin 1994, S. 137.

Empfang durch Helmut Kohl in Bonn, 7. September 1987

Dann lehnte er sich im Sessel zurück, nahm die Brille an und begann sie hastig zu putzen. Ich sah, wie sich sein Gesicht veränderte. Ein Gefühl der Zufriedenheit und Erleichterung, als ob sich eine bis dahin herrschende große Anspannung gelöst hätte.»[10] Für Honecker war ein Traum in Erfüllung gegangen.

Und doch – der große Triumph, so wie Honecker es sich erträumt hatte, wurde der Besuch in der Bundesrepublik nicht. Der Zeitpunkt war verpasst. Äußerlich war alles so, wie es sein sollte. Er wurde mit militärischen Ehren empfangen, seine Fahne, die Fahne der DDR, wehte vor dem Bundeskanzleramt in der Bundeshauptstadt Bonn. Auch ein privater Abstecher zu seiner Schwester nach Wiebelskirchen war sorgfältig arrangiert worden und wurde von entsprechendem Medienrummel begleitet. Aber die Vertrautheit und Vertraulichkeit mit westdeutschen Spitzenpolitikern, die sich in den Jahren zuvor noch aus Honeckers Ablehnung der sowjetischen Konfrontationspolitik ergeben hatte, stellte sich nur während seines kurzen Besuchs bei Franz Joseph Strauß ein. In München taute Honecker etwas auf, ansonsten wirkte er steif und angespannt, manchmal sogar, als wäre er mit seinen Gedanken ganz woanders. War Honecker einfach sentimental und müde? Oder hatte er selbst gemerkt, dass er als Gesprächspartner uninteressant und vor allem unwichtig geworden war? In den Verhandlungen ging es eigentlich nur noch um Details, um Handelshemmnisse und Kontaktsperren, um die Markierung der Elbgrenze und den weiteren Ausbau der Transitstrecken, um Städtepartnerschaften und Besuchsregelungen für West-Berliner. Die «große» Politik jedoch fand in Bonn nicht statt. Als Vermittler war Honecker zwar noch nie

[10] Wjatscheslaw Kotschemassow: Meine letzte Mission, Berlin 1994, S. 137.

wirklich wichtig gewesen, aber man hatte ihm gerne zugehört und Wert auf seine Analyse der internationalen Situation gelegt – auch das war jetzt vorbei. Mit seinen Abrüstungsvorschlägen hatte Gorbatschow die Sowjetunion wieder in die Offensive gebracht. Honeckers Vorschläge, das Wettrüsten zu beenden, hatten keine Bedeutung mehr, da der sowjetische Generalsekretär nun selbst mit der Beseitigung der Raketen begonnen und weiter gehende Vorstellungen hatte, als Honecker jemals gutgeheißen hätte. Bis 1987 hatte die westliche Welt ihn als Entspannungspolitiker geschätzt und teilweise über Gebühr hofiert – jetzt verfiel sie in einen Taumel der Sympathie und Zuneigung für Gorbatschow. Honecker fand immer weniger Beachtung. Unberechenbar und launisch war die Geschichte über ihn hinweggegangen. Seine Zeit war abgelaufen. Auch wenn er im selben Jahr noch in Belgien und im Jahr darauf in Paris empfangen wurde – der Besuch in der Bundesrepublik war sein letzter großer Auftritt auf der Bühne der internationalen Politik. Spätestens seit dem Sommer 1989 galt er dann als hoffnungslos verkalkter Altstalinist – intellektuell zurückgeblieben, politikunfähig und rückwärts gewandt.

Auch im eigenen Land gelang es ihm nicht mehr, Fuß zu fassen. Er hatte die Innenpolitik seit Jahren vernachlässigt – immer in dem Glauben, mit der Einheit von Wirtschafts- und Sozialpolitik auf dem richtigen Weg zu sein. Die außenpolitischen Erfolge hatten seinen Blick abgelenkt. «Honecker nahm das auf wie ein Schwamm, diese Lobpreisungen», sagte später Politbüromitglied Werner Eberlein, «und das machte ihn in gewisser Hinsicht blind für die wahre Entwicklung, oder er verdrängte sie.» [11]

[11] Zeitzeugenaussage von Werner Eberlein, in: Fernsehdokumentation «Die Sekretäre» von Christian Klemke und Jan N. Lorenzen, Mitteldeutscher Rundfunk, 7. Oktober 1999.

Jeder schien jetzt zu wissen, wie desaströs die Lage in seinem eigenen Land war – nur Honecker selbst nicht. Sowjetische Diplomaten raunten ihren deutschen Kollegen hinter Honeckers Rücken ironisch zu: «Schön, dass es bei euch keine Probleme gibt.» Gorbatschow war von seinem Botschafter Wjateschlaw Kotschemassow und von Valentin Falin informiert worden, «dass die Lage in der DDR innerhalb von drei Monaten völlig destabilisiert werden könne». Falin vermutete sogar, dass auch Bundeskanzler Helmut Kohl dies wisse und die Dinge nur deswegen nicht forciere, weil er warten wolle, «bis die Frucht von innen heraus reif sei»[12]. Doch alle Versuche Gorbatschows, Honecker zum Umdenken zu bewegen, schlugen fehl. «Gorbatschow hat sich elf Mal mit Honecker getroffen, elf Mal», erinnerte sich Botschafter Kotschemassow, «ich wusste, das Honecker nach diesen Treffen die Mitglieder des Politbüros oft nicht richtig informierte. Deshalb erachtete ich es als sehr wichtig, nicht nur ein Treffen unter vier Augen durchzuführen, sondern auch ein Treffen mit allen Mitgliedern des Politbüros. Leider trat auf diesem Treffen nicht einer auf, nicht ein Mitglied des Politbüros, es sprach nur Honecker. Alle anderen schwiegen, niemand sagte auch nur ein Wort darüber, dass wirklich die Zeit reif sei für Veränderungen und man etwas tun müsse für die Veränderung der DDR und letztendlich für ihre Rettung. Als alles beendet war, gingen wir den Korridor entlang, Gorbatschow blieb stehen, wandte sich an mich und sagte: ‹Nun, was kann man da noch tun? Als wenn man gegen eine Wand redet.›»[13]

Auch seine eigene Partei, die SED, stand nicht mehr bedingungslos zu ihrem Generalsekretär. Sie begann

[12] Valentin Falin: Konflikte im Kreml, München 1997, S. 140.
[13] Wjatscheslaw Kotschemassow, zit. n.: Wolfgang Kenntemich u. a. (Hg.): Das war die DDR, Berlin 1993, S. 215.

sich unter dem Eindruck der Veränderungen in der Sowjetunion zu spalten. Während der eine Flügel wie Honecker glaubte, Glasnost und Perestroika würden den Sozialismus zugrunde richten, zumindest aber in eine tiefe Krise stürzen, wurde auf der anderen Seite die Gruppe derjenigen immer größer, bei der sich angesichts der Reformunwilligkeit der eigenen Führung Ratlosigkeit breit machte. Doch eine Bewegung, um von der Parteibasis aus einen Machtwechsel an der Spitze einzuleiten, gab es nicht. Und so verharrte der Apparat in Apathie. Abwarten schien die einzige Möglichkeit – warten auf eine «biologische Lösung» oder darauf, dass irgendjemand aus dem Politbüro oder aus dem Zentralkomitee mit Gorbatschows Hilfe gegen Honecker putschen würde.[14]

So stellte sich ein, was für jemanden wie Honecker, der vor allem als geachteter Staatsmann gelten wollte, wohl am schmerzlichsten sein muss und was doch unausweichlich ist, wenn man den richtigen Zeitpunkt des Rückzugs aus dem Amt verpasst: Er wurde nicht mehr so richtig ernst genommen. Die Anzeichen, dass er die Wirklichkeit nicht mehr adäquat wahrnahm, waren nicht zu übersehen. Dazu kam ein privater Schicksalsschlag. Im Januar 1988 starb seine zweijährige Enkeltochter Mariana. Zum ersten Mal erlebten seine Mitarbeiter, dass sich ein privates Ereignis auf seine Stimmung auswirkte. «Das hat ihn damals fast zerstört», erinnerte sich sein persönlicher Referent Frank-Joachim Herrmann. «Wir haben es alle gespürt. Aber darüber geäußert hat er sich nie.»[15] Niedergeschlagen wirkte Honecker in dieser Zeit, und auch sein Selbstbewusstsein schien zu schwinden. Seine Stimme wurde immer leiser, die Artikulation immer

[14] Stefan Wolle: Die heile Welt der Diktatur, Berlin 1998, S. 315.
[15] Frank-Joachim Herrmann: Der Sekretär des Generalsekretärs, Berlin 1996, S. 122.

undeutlicher, bis er schließlich einen nuscheligen Singsang von sich gab, den nur noch die verstanden, die ihn unbedingt verstehen mussten. Die politischen Entscheidungen, die er traf, wirkten immer kurzatmiger und überhasteter. Am 19. November 1988 ließ er die sowjetische Zeitschrift «Sputnik», die in der DDR in deutscher Übersetzung verbreitet wurde, von der Postzeitungsliste streichen, was einem Verbot gleichkam. Anlass waren zwei Beiträge im Oktoberheft gewesen, die Parallelen zwischen Hitler und Stalin gezogen hatten und den Kommunisten eine Mitschuld am Ausbruch des Zweiten Weltkriegs zusprachen. Honecker fühlte sich davon persönlich angegriffen. Schließlich war auch er im Widerstand gegen Hitler gewesen und hatte «alles getan, um eine Bewegung zum Sturz Hitlers zustande zu bringen». Seine Reaktion war daher sehr emotional und, wie er später zugab, «nicht von einem Abwägen unserer Politik gegenüber der Sowjetunion» geprägt gewesen.[16] Auch dass der «Sputnik» in der DDR immerhin ca. 180 000 Abonnenten und noch viel mehr Leser hatte, hatte Honecker nicht bedacht. Und wenn das Verbot in erster Linie wiederum ein neuerlicher Affront gegenüber der Sowjetunion war, wirkte es doch vor allem nach innen, und in einer Weise, die Honecker nicht erwartet hatte, löste es einen Proteststurm aus.[17]

Auch in der Wirtschaftspolitik stellte sich Endzeitstimmung ein. Die Milliardenkredite aus der Bundesrepublik hatten den Absturz in die Zahlungsunfähigkeit zunächst aufgehalten, doch zu Beginn des Jahres 1986 kündigte sich die nächste schwere Krise an. Grund dafür war ein dramatischer Preisverfall von Mineralölerzeugnissen, die bis dahin die größten Export-

[16] Reinhold Andert / Günter Herzberg: Der Sturz, Berlin und Weimar 1990, S. 150.
[17] Stefan Wolle: Die heile Welt der Diktatur, Berlin 1998, S. 294 f.

schlager der DDR gewesen waren. Innerhalb nur eines Jahres halbierte sich der Erlös der DDR. Die Wende im Exportgeschäft sollte jetzt die Mikroelektronik bringen, in die von nun an enorme Investitionen flossen. Das Ergebnis dieser Anstrengungen war ernüchternd: 1988 war der in der DDR für 93 Mark Produktionskosten hergestellte 64-Kilobit-Chip auf dem Weltmarkt für einen Dollar, der für 534 Mark produzierte 256-Kilobit-Chip für zwei Dollar erhältlich.[18] Die DDR-Mikroelektronik war also nicht ansatzweise konkurrenzfähig und musste ständig hoch subventioniert werden. Trotzdem war dieser Industriezweig auf dem XI. Parteitag 1986 zum Hoffnungsträger der DDR hochstilisiert worden, und so wurde der 1-Megabit-Chip, bei dessen Entwicklung die DDR den westlichen Industrienationen voraus sein wollte, zum eigentlichen Prestigeprojekt. Die Übergabe des ersten Prototypen am 12. September 1988 durch Zeiss-Chef Wolfgang Biermann wurde dann auch propagandistisch entsprechend gefeiert. Honecker bedankte sich für die herausragende Leistung der Ingenieure und würdigte das Ereignis mit den Worten, dies sei ein großer Erfolg «im Wettlauf gegen die Zeit».

Das war nicht die übliche Terminologie. Wettstreit der Systeme, Wettlauf mit dem Klassenfeind – aber ein Wettlauf mit der Zeit? Gerade die Zeit war doch sonst immer auf der Seite des Sozialismus gewesen. Die Erfolge des Kapitalismus wurden doch immer als kurzfristig hingestellt, während auf lange Sicht der Sozialismus schon siegen würde. Oder ahnte Honecker bereits, dass die Zeit für die DDR ablief?

Währenddessen spitzte sich die Situation weiter zu. Die Subventionierung der Mikroelektronik riss wei-

[18] Hans-Hermann Hertle: Die Diskussion der ökonomischen Krisen in der Führungsspitze der SED, in: Theo Pirker u. a. (Hg.): Der Plan als Befehl und Fiktion, Opladen 1995, S. 309–345 (336).

tere Löcher in den strapazierten Staatshaushalt. Die Kreditbelastung drohte bis Ende 1989 auf knapp 40 Milliarden Valutamark zu wachsen. Im April 1988 entschloss sich daher der Chef der Staatlichen Plankommission, Gerhard Schürer, zu einem Alleingang. In einem dreizehnseitigen Papier, das er Honecker mit der Bitte um ein Vier-Augen-Gespräch direkt zustellen ließ, schilderte er unumwunden die kritische Lage und forderte einschneidende Maßnahmen, vor allem eine Erhöhung der Mieten und Energiepreise, Einschränkungen diverser Subventionen und den Verzicht auf kostenträchtige Prestigeobjekte. Doch zu der Aussprache kam es nicht. Es ist nicht einmal sicher, ob Honecker das Papier überhaupt gelesen hat. Er gab das Material an Günter Mittag weiter. Dieser verfasste eine dreißigseitige Stellungnahme, in der «die Überlegungen des Genossen Schürer» als unvereinbar mit den Beschlüssen des VIII. Parteitages zurückgewiesen wurden.[19] De facto war der Vorstoß damit bereits gescheitert. Nicht Schürers Papier, sondern die Stellungnahme von Günter Mittag brachte Honecker im Mai 1988 als Chefsache in das Politbüro ein. Die Bestätigung dort war reine Formsache.[20]

Enttäuscht über die Ignoranz Honeckers, entschloss sich Schürer zu einem weiteren Schritt. Im Februar 1989 traf er sich mit Egon Krenz in seinem Wochenendhaus in Dierhagen an der Ostsee. Es war eine konspirative Atmosphäre. So genau wusste Schürer nicht, wen er vor sich hatte. War er der «Jubel-Egon», den man von öffentlichen Auftritten und aus dem Fernsehen kannte, oder war es ein neuer Hoffnungsträger, der die Probleme erkannte und bereit war, zu reagieren? Gerhard Schürer nahm all seinen Mut zusam-

[19] Gerhard Schürer: Gewagt und verloren, Berlin 1998, S. 186 f. / Hans-Hermann Hertle: Der Weg in den Bankrott der DDR-Wirtschaft, in: Deutschland-Archiv 25 / 1992, S. 127–145.
[20] Hans-Hermann Hertle: Der Weg in den Bankrott der DDR-Wirtschaft, in: Deutschland-Archiv 25 / 1992, S. 127–145 (129).

men, drehte noch das Radio an, damit die Staatssicherheit nicht mithören konnte, und forderte Egon Krenz zum Staatsstreich gegen Honecker auf.[21] «Schürer war damals einer derjenigen, die mich drängen wollten, Honecker zu stürzen. Aber mehr, so hatte ich jedenfalls den Eindruck, mit einer Art Militärputsch», erinnerte sich Egon Krenz etwas amüsiert in einem 1999 gedrehten Fernsehinterview. Die Idee, Honecker mit Hilfe der Armee zu stürzen, verwarf er sofort: «Ein solcher Sturz aus meinem Gefühl wäre nur sinnvoll gewesen, wenn es vorher eine Aussprache gegeben hätte, wenn man die Situation eingeschätzt hätte. Es ging doch nicht darum, Puppen auszuwechseln oder Personen auszuwechseln, es ging doch um die Politik, und ich sah, ehrlich gesagt, damals die Möglichkeit, diese Politik noch mit Honecker machen (zu können), das war ein Irrtum von mir.»[22]

Der Plan von Gerhard Schürer war tatsächlich naiv. Für einen derartigen Husarenstreich aus dem Nichts gab es niemals eine reale Chance. Eine langfristig angelegte Verschwörung hatte größere Aussichten auf Erfolg. Ihr Kopf war DDR-Ministerpräsident Willi Stoph. Auf seiner Seite standen die beiden Politbüromitglieder Alfred Neumann und Werner Krolikowski. Wie Egon Krenz war auch Stoph eigentlich kein Reformer. Sein Antrieb, Honecker abzulösen, beruhte vor allem darauf, dass er als Ministerpräsident keine Lust mehr hatte, nur das zu exekutieren, was Honecker als Generalsekretär vorher beschlossen hatte. Seit einigen Jahren sandte er negative Berichte über die Tätigkeit des greisen SED-Führers via sowjetische Botschaft und den KGB nach Moskau. Sein Vorgehen orientierte sich also an den Methoden, die Honecker

[21] Gerhard Schürer: Gewagt und verloren, Berlin 1998, S. 191 f.
[22] Zeitzeugenaussage von Egon Krenz, in: Fernsehdokumentation «Die Sekretäre» von Christian Klemke und Jan N. Lorenzen, Mitteldeutscher Rundfunk, 7. Oktober 1999.

fast zwei Jahrzehnte zuvor angewandt hatte, um Ulbricht zu entmachten. Bereits im Mai 1986 hatte Willi Stoph ein Paket mit Informationen an Michail Gorbatschow zusammengestellt, in dem auf die Folgen der verhängnisvollen Wirtschaftspolitik hingewiesen und auch vor Spannungen innerhalb der SED gewarnt wurde, die sich aus Honeckers Ablehnung der Perestroika ergaben. Honecker habe die Fähigkeit verloren, die Situation realistisch einzuschätzen, hieß es weiter, seine unverzügliche Absetzung sei daher notwendig.[23]

Doch Stoph und seine Mitverschwörer warteten vergeblich auf eine Reaktion von Gorbatschow. War es die ihm nachgesagte Entscheidungsschwäche, oder sah es der Mann im Kreml im Gegensatz zu seinen Vorgängern einfach nicht mehr als seine Aufgabe an, sich in die Machtkämpfe in den Bruderländern einzumischen? Als einige Monate später Werner Krolikowski noch einmal nachhakte, erhielt er von Botschafter Kotschemassow eine eindeutige Antwort: «Mein Lieber, wenn es solche Kräfte gibt, dann müsst ihr selbst eure inneren Probleme lösen. Die Zeiten sind vorbei, als wir Generalsekretäre absetzten und ernannten.»[24] Und so verließ die Verschwörergruppe der Mut. Das Jahr 1989 kam heran, und die Dinge nahmen ihren Lauf.

Wie groß das Protestpotential zu Beginn der Jahres 1989 in der DDR bereits war, zeigte die Kommunalwahl im Mai. Bis dahin waren es nur kleine oppositionelle Gruppen, die offenen Widerspruch gegen die offizielle Politik wagten, doch mit der Kommunalwahl wurde der erste Schritt zum landesweiten Massenprotest getan. Im Vorfeld hatte es aus den Reihen der Oppositionsgruppen Forderungen nach einer Reform des Wahlrechts und Aufrufe zum Wahlboykott gegeben.

[23] Iwan Kusmin: Die Verschwörung gegen Honecker, in: Deutschland-Archiv 28 / 1995, Heft 3, S. 286–290.
[24] Wjatscheslaw Kotschemassow: Meine letzte Mission, Berlin 1994, S. 60.

Am Wahltag selbst kontrollierten Beobachter der Opposition in Hunderten von Wahllokalen in der ganzen Republik die Auszählung der Stimmen – mit erstaunlichem Resultat: In einigen Bezirken wurden bis zu 20 Prozent Gegenstimmen von den unabhängigen Beobachtern, und übrigens auch von der Staatssicherheit, registriert. Wo diese Stimmzettel geblieben sind, weiß heute niemand mehr, mitgezählt wurden sie jedenfalls nicht. Doch als Egon Krenz gegen Mitternacht in der Aktuellen Kamera das offizielle Endergebnis von 98,89 Prozent Stimmen für die «Kandidaten der Nationalen Front» verkündete, war die Wahlfälschung für jeden offensichtlich. Die Oppositionsgruppen riefen nun für jeden siebenten des Monats zu einer Protestkundgebung auf. Im Juni und Juli gelang es der Staatssicherheit zwar noch relativ schnell, die kleinen Protestgruppen zu stören und die Teilnehmer zu verhaften, doch von Monat zu Monat wurden es mehr, und der Zufall wollte es, dass der Tag des Protests gegen die Wahlfälschung 5 Monate nach der Wahl auf den 40. Jahrestag der DDR fiel.[25]

Noch größere Sorgen als die Oppositionsbewegung machte der SED-Führung allerdings die im Jahr 1989 schnell wachsende Zahl der Ausreisewilligen. Im ersten Halbjahr 1989 genehmigte Honecker 34 600 Ausreiseanträge – so viele wie in den Jahren 1987 und 1988 zusammen. Doch die erhoffte Entspannung blieb aus. Zudem hatte Ungarn am 2. Mai mit dem Abbau seiner Grenzsperren zu Österreich begonnen und damit eine neue Fluchtmöglichkeit geschaffen. Auch Honecker wusste, was das für die DDR bedeutete, aber er weigerte sich, darauf zu reagieren. Als Egon Krenz ihm vorschlug, zu einem inoffiziellen Treffen

[25] Stefan Wolle: Die heile Welt der Diktatur, Berlin 1998, S. 306–308; Ehrhart Neubert: Geschichte der Opposition in der DDR 1949–1989, Bonn 1997, S. 810–815.

nach Ungarn zu reisen, um «ohne steifes Protokoll» mit den ungarischen Genossen «über alles zu reden», lehnte Honecker ab. Er wollte kein Bittsteller sein, erinnerte sich Egon Krenz: «Ungarn und die DDR gehören zum selben Bündnis. Das muss reichen.»[26]

Honecker ahnte wohl schon, dass dieser Sommer nichts Gutes für ihn bringen würde, aber er hatte nicht mehr die Kraft, sich wirklich mit aller Energie dagegen zu stemmen. Es war eine Art Selbsttäuschung und Betäubung, als er sich Anfang Mai noch einmal vom Pfingsttreffen der FDJ berauschen ließ. Direkt im Anschluss daran fuhr er in die Sowjetunion. Beim Abflug war er aufgekratzt, er scherzte und lachte. In Moskau wollte er mit Michail Gorbatschow zusammentreffen. Doch das eigentliche Ziel seiner Reise war Magnitogorsk, immer noch das Symbol für das Aufblühen der Schwerindustrie in den Anfangsjahren der Sowjetunion, an dessen Aufbau er sich als Mitglied einer internationalen Jugendbrigade einst beteiligt hatte und dessen 60. Jubiläum nun gefeiert wurde. Die Stimmung dort, eine Mischung aus Nostalgie und revolutionärer Romantik, heiterte Honecker noch einmal auf. Doch als er wenig später zu einer turnusmäßigen Sitzung des Politischen Beratenden Ausschusses der Staaten des Warschauer Paktes nach Bukarest reisen musste, sah er sich wieder schlagartig mit der Realität konfrontiert. Das Treffen stand schon im Zeichen des drohenden Auseinanderbrechens des Ostblocks. Der Außenminister Ungarns, Gyula Horn, äußerte am Rande der Konferenz offen den Wunsch, aus dem Warschauer Pakt auszutreten. In Polen hatten kurz vor der Tagung die ersten freien Wahlen stattgefunden, und die Liste der oppositionellen Gewerkschaft «Solidar-

[26] Egon Krenz: Herbst '89, Berlin 1999, S. 12 / 13.

nosc» hatte die überragende Mehrheit der Stimmen erhalten. Gorbatschow selbst, immer noch Primus inter Pares unter den Parteichefs des Ostblocks, sonnte sich in seinen außenpolitischen Erfolgen und vermied bedachtsam jede Ausführung über die Zukunft des gemeinsamen Bündnisses. Die Hardliner, allen voran Gastgeber Nicolae Ceauçescu und Erich Honecker, rückten in ihrer Ablehnung des Reformkurses, dessen Konsequenzen sich immer deutlicher abzuzeichnen begannen, noch enger zusammen. Am Rande der Tagung machte Honecker seinem Ärger Luft und stellte Gorbatschow zur Rede, weil der sowjetische Professor Wjateschlaw Daschitschew, dem eine gewisse Nähe zu Gorbatschow nachgesagt wurde, im Juni in Köln erklärt hatte, die Annäherung zwischen der NATO und der Sowjetunion könne schwerwiegende Folgen für die Souveränität der DDR haben. Honecker war der Text der Rede, der nicht veröffentlicht wurde, zugespielt worden, und er war verständlicherweise erbost. Schon lange vermutete er, dass Gorbatschow, der kurz vor der Konferenz zu einem Staatsbesuch in der Bundesrepublik gewesen war, ein doppeltes Spiel spielte. Er glaubte nicht mehr, was Gorbatschow ihm auch diesmal wieder versicherte: «Ich habe Kohl vor ein paar Tagen in Bonn klar gesagt, dass jegliches Abenteurertum gegenüber der DDR ein Rückfall in den Kalten Krieg ist. Niemals wird die Sowjetunion zulassen, dass die Interessen der DDR unbeachtet bleiben.» [27] Nein, an solche Versicherungen glaubte Honecker nicht mehr, und Vorträge wie der von Professor Daschitschew nährten die Zweifel an der Treue der Sowjetunion, denn seit Jahrzehnten wurden im Ostblock auf diese Art Kurswechsel angekündigt: Von der

[27] Zit. n. Egon Krenz: Herbst '89, Berlin 1999, S. 18/19.

197

politischen Führung lanciert, trat irgendjemand, der in der offiziellen Parteihierarchie keine große Rolle spielte, mit Überlegungen an die Öffentlichkeit, die, abhängig von der Reaktion des Westens, später offiziell bestätigt oder dementiert werden konnten. Honecker hatte nicht begriffen, dass Gorbatschow diese Praxis beendet hatte und dass es sich bei dem fraglichen Vortrag wirklich nur um die private Meinung eines Gelehrten handelte. Schon seit 1987 glaubte er, Signale aufgenommen zu haben, die sowjetische Diplomatie würde hinter seinem Rücken die Überwindung der deutschen Zweistaatlichkeit vorbereiten. Honeckers spätere Vermutung, sein Sturz als Partei- und Staatschef sei das Ergebnis «langfristig angestrebter Veränderungen auf der europäischen Bühne» und das Resultat «eines groß angelegten Manövers, deren Drahtzieher sich noch im Hintergrund halten», beruhte auf solchen Signalen und auf Vorträgen wie dem von Professor Daschitschew.[28] Der kurze Wortwechsel zwischen ihm und Gorbatschow in der Sitzungspause blieb jedenfalls ohne Ergebnis. Am nächsten Tag sollte es noch ein Treffen geben, bei dem die Generalsekretäre unter Ausschluss der Delegationen unter sich waren, und Honecker hatte sich vorgenommen, Gorbatschow dort erneut zur Rede zu stellen. Doch dazu kam es nicht mehr. In der Nacht brach Honecker zusammen. Wie sein enger politischer Mitarbeiter Frank-Joachim Herrmann später vermutete, war es «wohl auch das Ergebnis großer politischer Anspannung und ahnungsvoller Überlegungen»[29]. Mitten in der Nacht wurde er mit einer schweren Gallenkolik ins rumänische Regierungskrankenhaus eingeliefert. Sofort untersuchte ihn seine Ärztin, die ihn auf allen Reisen

[28] Reinhold Andert/Wolfgang Herzberg: Der Sturz, Berlin und Weimar 1990, S. 19–21.
[29] Frank-Joachim Herrmann, Der Sekretär des Generalsekretärs, Berlin 1996, S. 10.

begleitete. Sie entschied, dass es besser sei, Honecker nach Berlin zurückzubringen – zumal die rumänischen Parteifreunde und Ärzte die Verantwortung für einen Eingriff an Ort und Stelle nicht übernehmen wollten. Auf dem Rückflug in einer Sondermaschine nach Berlin wurde Honecker von Egon Krenz begleitet. Als Honecker, der in einer Schlafkabine lag, ihn rief, setzte er sich zu seinem Chef und hörte ihm zu. Wie kaum eine andere Äußerung offenbart das, was Honecker zu Krenz in dieser Stunde seines körperlichen Zusammenbruches sagte, seine innere Wut und Verbitterung über die Entwicklung der letzten Jahre. «Diese Heuchler! Früher sind die Westpolitiker dem Ceausçescu in den Hintern gekrochen. Jede Abweichung vom gemeinsamen Kurs haben sie als Ausdruck seiner Absage an Moskau gefeiert. Je mehr er Moskau kritisierte, umso mehr hat der Westen ihn gelobt. Als man uns keine Kredite mehr geben wollte, hat er welche bekommen. Seine Alleingänge waren dem Westen viel Geld wert. Nun lassen sie ihn sitzen. Sie haben ja Gorbatschow.»[30] Man kann auch Honeckers eigenen Namen für den Ceauçescus einsetzen, dann weiß man, wie er selbst sich gefühlt haben mag: verlassen vom Westen, der ihn einst hofierte – und verlassen von der Sowjetunion, dem einstmals stärksten Verbündeten.

In Berlin angekommen, wurde Honecker sofort ins Regierungskrankenhaus nach Berlin-Buch gebracht – doch die ärztliche Behandlung des fast Siebenundsiebzigjährigen erwies sich als äußerst kompliziert. Der erste Operationsversuch an der Gallenblase musste wegen einer Kreislaufdepression abgebrochen werden. Honecker trat zunächst seinen Urlaub an, um dann Mitte August ein weiteres Mal operiert zu wer-

[30] Egon Krenz: Herbst '89, Berlin 1999, S. 28.

den. Zudem hatten die Ärzte bereits Anfang August den Verdacht geäußert, dass in Honeckers rechter Niere ein bösartiger Krebstumor vorhanden sein könnte.[31]

Fast drei Monate lang fiel Honecker wegen Urlaub, Krankheit und Rekonvaleszenz aus. So war die DDR in den entscheidenden Monaten im Sommer 1989 führungslos, denn noch schien niemand aus der Führungsriege des Politbüros bereit, die Verantwortung zu übernehmen. Im Juli und August war das Politbüro oft nicht einmal beschlussfähig. Die meisten Mitglieder hatten es ihrem Chef nachgemacht und waren in den Urlaub gefahren. Doch gerade in dieser Zeit spitzte sich die Situation immer weiter zu. Im August musste die Botschaft der Bundesrepublik in Budapest zeitweise geschlossen werden, als sich mehr als 170 ausreisewillige DDR-Bürger dort aufhielten. Am 19. August nutzten mehr als 600 Urlauber aus der DDR eine Veranstaltung der «Paneuropäischen Union» im Grenzgebiet zwischen Ungarn und Österreich zur Flucht in den Westen. Wenige Tage später musste auch die bundesdeutsche Botschaft in Prag wegen Überfüllung geschlossen werden, doch viele Ausreisewillige kletterten über die Zäune, sodass sich bald mehrere tausend Menschen im Garten der Botschaft aufhielten und dort in Zelten übernachteten. Unter dem Eindruck des Flüchtlingsdramas entschloss sich die ungarische Führung zu einem folgenreichen Schritt. Am 11. September öffnete sie die Grenze zu Österreich und leitete damit einen neuen Flüchtlingsstrom ein. Hatte die SED-Führung zunächst vielleicht noch gehofft, die Massenflucht würde das Protestpotential in der DDR schwächen, so stellte sich nach kurzer Zeit heraus,

[31] Friedrich Wolff: Verlorene Prozesse 1953–1998, Baden-Baden 1999, S. 240.

dass das Gegenteil der Fall war, denn von nun an ließ sich «die Möglichkeit der Ausreise als Druckmittel einsetzen, um für das Dableiben einen politischen Preis zu verlangen», wie der Sozialwissenschaftler Hans-Hermann Hertle beobachtete.[32] Als erste der unabhängigen Oppositionsgruppen beantragte das «Neue Forum» am 19. September offiziell die Zulassung als Vereinigung. Aber auch andere gesellschaftliche Gruppen, wie etwa die Kirchen, forderten nun längst überfällige Reformen ein.

Fest entschlossen, alle «Provokationen» und «feindlichen Aktionen» im Keim zu ersticken, meldete sich Erich Honecker Ende September in der Parteiführung zurück – aber es war für jedermann erkennbar, dass er nicht mehr der Alte war. Er war nicht milder geworden, im Gegenteil, aber ihm fehlte die Durchsetzungskraft, die er vor seiner Krankheit gehabt hatte. Er begann, Auseinandersetzungen aus dem Wege zu gehen – wahrscheinlich schon ein Zeichen seiner inneren Resignation. Auch die Straffheit und Energie, die er bis dahin immer ausgestrahlt hatte, fehlte nun. Der bevorstehende 40. Jahrestag der DDR sollte die Krönung seines innenpolitischen Wirkens werden, so wie der Besuch in Bonn der Höhepunkt seiner Karriere als Staatsmann hatte werden sollen – und er sollte noch offensichtlicher misslingen. Honecker freute sich auf diesen Tag, doch er war längst nicht so gut gelaunt oder beflügelt wie bei den vorhergehenden runden Jahrestagen der DDR. Er war in sich gekehrt, und seinem persönlichen Mitarbeiter Frank-Joachim Herrmann erschien er beinahe deprimiert.[33] Am 25. September wurde er von der tschechoslowakischen Staatsführung darüber informiert,

[32] Hans-Hermann Hertle: Chronik des Mauerfalls, Berlin 1996, S. 76.

[33] Frank-Joachim Herrmann, Der Sekretär des Generalsekretärs, Berlin 1996, S. 12–14.

dass die Situation an der bundesdeutschen Botschaft in Prag außer Kontrolle zu geraten drohe. Verbunden mit dieser Information war die dringende Bitte, sofort eine Lösung zu finden, damit sich die ČSSR nicht zu einem «unfreundlichen Akt» gegen die DDR gezwungen sähe. Wie er es gewohnt war, entschied Honecker im Alleingang. Alle DDR-Bürger, die sich in der bundesdeutschen Botschaft in Prag aufhielten, durften in die Bundesrepublik ausreisen. Honecker verlangte allerdings, dass die Flüchtlinge in Waggons der Deutschen Reichsbahn und über ostdeutsches Gebiet in den Westen gebracht würden, um den Vorgang als «Ausweisung» deklarieren zu können. Dass das eine Fehlentscheidung war, zeigte sich nur wenige Tage später. Erneut befanden sich 7500 Menschen in der Prager Botschaft, die am 4. Oktober eine zweite Massenausreise erwirkten. Jetzt war der Streckenverlauf, der mitten durch Dresden führte, bekannt. Knapp 20 000 Menschen hatten sich rund um den Dresdner Hauptbahnhof versammelt, in der Hoffnung, auf die Züge aufspringen zu können. Nicht nur Polizei, auch Hundertschaften der NVA mit scharfer Munition wurden eingesetzt; es kam zu den heftigsten Straßenschlachten in der DDR seit dem Aufstand vom 17. Juni 1953. Vor dem allerletzten Mittel, dem Einsatz der Armee mit schwerer Kampftechnik, schreckte die SED-Führung im Hinblick auf den 40. Jahrestag aber zurück. «Jeder Schritt Honeckers war in dieser Zeit davon beherrscht, die für die DDR unangenehme Situation möglichst zuzudecken, um das Renommee der DDR zum 40. Jahrestag nicht weiter zu beschädigen», erinnerte sich Günter Schabowski.[34]

Zwei Tage nach den Krawallen am Dresdner

[34] Günter Schabowski: Das Politbüro, Reinbek 1990, S. 69.

Hauptbahnhof, am Vortag des 40. DDR-Jubiläums, holte Honecker seinen Ehrengast Michail Gorbatschow vom Flughafen Berlin-Schönefeld ab. Während der Fahrt zu Gorbatschows Residenz standen Jugendliche in dichten Reihen an der Fahrtstrecke und riefen «Gorbatschow! Gorbatschow!». Honecker, der neben Gorbatschow saß, wurde kaum beachtet. Und auch am Abend, beim traditionellen Fackelzug der FDJ, den am Gründungstag der DDR 40 Jahre zuvor Honecker als FDJ-Vorsitzender angeführt hatte, gab es wieder nur Hochrufe auf Gorbatschow. Honecker ignorierte das. Er habe mitgesungen und sich überhaupt sehr beschwingt gegeben, als er die an der Tribüne vorbeiziehende Jugend begrüßte, erinnerte sich Gorbatschow, aber auch ihm fiel auf, dass der greise SED-Chef sich nicht wohl in seiner Haut fühlte: «Er

Mit Michail Gorbatschow auf der Ehrentribüne während des Fackelzuges der FDJ, 6. Oktober 1989

schien wie benommen.»[35]   Über das Ausmaß der Ablehnung Honeckers war Gorbatschow zwar überrascht und betroffen – Honeckers Festtagslaune wollte aber auch er nicht stören. Am Vormittag des 7. Oktober kam es im Schloss Niederschönhausen zu einer Aussprache zwischen den beiden Generalsekretären. Sie blieb, wie auch das anschließende Gespräch mit dem versammelten SED-Politbüro, ohne Ergebnis. Wieder einmal hatte Honecker nur über die Erfolge der DDR gesprochen und mit keinem Wort die Massenflucht und die Demonstrationen erwähnt. In Gorbatschows Miene habe Resignation und Verständnislosigkeit gestanden, schrieb Schabowski später.[36] Matt und lustlos verlief auch die offizielle Festveranstaltung am Nachmittag im Palast der Republik. Nicht mal die dort anwesenden, intensivsten Anhänger des Systems waren noch bereit. Honecker mit der gewohnten Ausdauer und Euphorie zuzujubeln. Alle schienen darauf zu warten, dass dieser Tag endlich vorübergeht; einerseits, um keine Rücksicht mehr auf den Mann nehmen zu müssen, dem man die Schuld am dramatischen Niedergang der DDR gab; andererseits aber auch, um endlich – ohne Rücksicht auf den Staatsgast aus Moskau – härter gegen die Demonstranten vorgehen zu können.

Kaum hatte Gorbatschow mit seiner Delegation das Festbankett verlassen, um zum Flughafen zu fahren, soll Staatssicherheitsminister Erich Mielke mit den Worten «Jetzt ist Schluss mit dem Humanismus» den Sicherheitskräften den Befehl zum Eingreifen gegeben haben. Mit großer Brutalität wurde der Demonstrationszug, der mittlerweile auf mehrere tausend Menschen angewachsen war, aufgelöst, viele Teilneh-

[35] Michail Gorbatschow: Erinnerungen, Berlin 1995, S. 934.
[36] Günter Schabowski: Das Politbüro, Reinbek 1990, S. 75.

mer wurden verprügelt oder verhaftet. Auch die Vorbereitungen auf die kommende Leipziger Montagsdemonstration am 9. Oktober ließen nichts Gutes erwarten. Bei den Demonstranten ging die Angst vor einem militärischen Eingreifen um. 8000 Einsatzkräfte wurden aufgeboten, um die Demonstranten einzuschüchtern und den Protestzug aufzulösen. Honecker hatte nach den Ereignissen am Republikgeburtstag ein härteres Vorgehen gefordert – aber plötzlich stieß er auf Widerstand. Die Parteispitze war sich nicht einig, die Weisungen an die Einsatzkräfte waren unklar. Über Monitore wurde im Berliner Innenministerium das Geschehen in Leipzig verfolgt. Als sich nach der Beendigung der Friedensgebete in den Leipziger Kirchen dann nicht die erwarteten 50 000, sondern über 70 000 Menschen zu einem Demonstrationszug formierten,

Montagsdemonstration in Leipzig

205

zerbrach der Handlungswille der bewaffneten Organe. Die Einsatzleitung in Berlin gab den Befehl, statt zum Angriff zur Eigensicherung der Polizeikräfte überzugehen. Die Staatsmacht hatte kapituliert.[37]

In der Politbürositzung am folgenden Dienstag musste Honecker dann die erste offene Niederlage einstecken. Egon Krenz hatte sich unter dem Eindruck des Besuches von Michail Gorbatschow zum Handeln entschlossen und ein Papier vorgelegt, in dem zum ersten Mal der Opposition das Angebot zu einem Dialog gemacht werden sollte und die Ursachen für die Massenflucht auch in der Regierungspolitik gesucht wurden. Honecker wies das Papier als «Kapitulations-Erklärung» zurück, wurde aber überstimmt. Schon das war eine Sensation. Honecker musste das als einen Angriff auf seine Autorität werten – und noch in derselben Sitzung schlug er zurück: Egon Krenz hatte bei seinen Ausführungen in Anspielung auf die gefälschte Kommunalwahl bemerkt, dass das Wahlgesetz in Zukunft genauestens eingehalten werden müsse, und Honecker damit die Gelegenheit zum Gegenangriff gegeben. «Sagen, was man meint! Wahl gefälscht oder nicht. Sind gefälscht. Im Politbüro aber nichts gesagt», fuhr er Krenz – den stichwortartigen Notizen eines anderen Politbüromitglieds zufolge – an und drohte «schärfste Maßnahmen gegen die Wahlfälschung» an.[38] Für Egon Krenz war damit klar, dass es kein Zurück mehr gab. Jetzt musste er schon deswegen den Sturz Honeckers betreiben, um nicht selbst abgesetzt zu werden. In den nächsten Tagen sammelte er Verbündete und versuchte parallel dazu Einfluss auf die weitere Entwicklung in der DDR zu nehmen. Am 13. Oktober flog er nach Leipzig, um vor

[37] Hans-Hermann Hertle: Chronik des Mauerfalls, Berlin 1996, S. 81–82.

[38] Aufzeichnungen von Gerhard Schürer, zit. n. Hans-Hermann Hertle: Chronik des Mauerfalls, Berlin 1996, S. 84.

Ort über den Ablauf der kommenden Montagsdemonstration zu beraten. Auf dem Rückflug bereitete er mit Fritz Streletz, dem Stabschef der NVA, einen Befehl vor, den Honecker unterzeichnen sollte und der den Sicherheitskräften den «Einsatz von Schusswaffen im Zusammenhang mit möglichen Demonstrationen» grundsätzlich untersagte. Für den geplanten Machtwechsel sicherte Streletz ihm auf Nachfrage zudem die Neutralität der Armee zu.

Als Honecker von Krenz und Streletz in Berlin mit dem Befehl konfrontiert wurde, reagierte er erstaunlich milde und wehrte sich nur mit halber Kraft. Von General Streletz forderte er, in Leipzig 80 bis 100 Panzer als Abschreckungsmaßnahme auffahren zu lassen. Doch Streletz lehnte das Ansinnen ab. Jeder in der DDR hätte in der vormilitärischen Ausbildung gelernt, wie ein Panzer in der Stadt manövrierunfähig gemacht werden könne, meinte er und verwies zudem auf die enormen Straßenschäden, die ein Auffahren der Panzer verursachen würde.[39] Am Ende unterschrieb Honecker den von Krenz vorgelegten Befehl – und so verlief auch die Leipziger Montagsdemonstration vom 16. Oktober friedlich.

Mittlerweile hatte Krenz genügend Verbündete gefunden. Auch das Einverständnis Gorbatschows zum Sturz Erich Honeckers hatte er eingeholt. Honecker selbst aber ahnte nichts, als er am 17. Oktober etwas verspätet zur Politbürositzung erschien. Niemand hatte mit ihm gesprochen, oder ihm auch nur den kleinsten Hinweis gegeben. Er konnte gerade noch die Sitzung eröffnen und einige einleitende Worte sprechen, als Willi Stoph ihm ins Wort fiel und verlangte, man solle, bevor man in die Tagesordnung ein-

[39] Zeitzeugenaussage von Fritz Streletz, in: Fernsehdokumentation «Das Deutschlandspiel Teil 1», ZDF, 2. Oktober 2000.

trete, zunächst über die Absetzung des Generalsekretärs diskutieren. Ohne die Wortmeldung von Willi Stoph zur Kenntnis zu nehmen, sagte Honecker nach einer kurzen Pause: «Also, beginnen wir mit der Tagesordnung.» Doch so einfach war es nicht. Zwischenrufe forderten, die Diskussion zuzulassen. Honecker sammelte sich noch einmal. Für ein wirkliches Aufbäumen aber war er zu geschwächt und wohl auch zu überrascht. Und doch witterte er die Intrige – das alles konnte ja nur das Ergebnis einer Absprache sein, die hinter seinem Rücken eingefädelt worden war. Er leitete die Debatte selbst und rief zunächst diejenigen auf, von denen er hoffte, dass sie zu ihm halten würden. Sein engster Vertrauter Günter Mittag war einer der Ersten, die sprachen. Aber obwohl er in die Verschwörung nicht eingeweiht war, fiel auch er Honecker in den Rücken. «Ich bin auch dafür. Eine solche Entscheidung war schon lange fällig.»[40] Es sprachen alle Politbüromitglieder in dieser Sitzung. Am Ende stand der einstimmige Beschluss, dem Zentralkomitee vorzuschlagen, Honecker, Mittag und Herrmann abzusetzen.[41]

«Ich mache diese Arbeit bis zu meinem 65. Lebensjahr – denn ich will nicht die Riege der alten Männer in der Politik fortsetzen», soll sich Honecker bei seiner Machtübernahme 1971 geschworen haben.[42] Jetzt war er 77 Jahre alt – und psychisch wie physisch am Ende. An diesem Tag und am Tag darauf war Erich Honecker noch wortkarger als sonst. Einzeln verabschiedete er sich von seinen engsten Mitarbeitern. Am 18. Oktober musste er noch einmal ins Politbüro und anschließend in die Tagung des Zentralkomitees, das seine Absetzung «aus gesundheitlichen Gründen»

[40] Zit. n. Egon Krenz: Wenn Mauern fallen, Wien 1990, S. 145.
[41] Günter Schabowski, Das Politbüro, Reinbek 1990, S. 105–107.
[42] Zit. n. Peter Przybylski: Tatort Politbüro 2, Berlin 1992, S. 16.

bestätigte und Egon Krenz zu seinem Nachfolger wählte. Es war der Abgang eines alten, einsamen Mannes, der sichtlich um Haltung bemüht war und niemandem zeigen wollte, wie sehr ihn die plötzliche und unerwartete Niederlage getroffen hatte. Und doch spürte er eine Erleichterung. «Er war immer sehr verschlossen, wenn ihn innerlich etwas bewegte», erinnerte sich Margot Honecker später an den Abend nach der Absetzung ihres Mannes. «Aber er hat wirklich an diesem Abend zu mir gesagt: Weißt du, ich bin regelrecht erleichtert, ich könnte es nicht mehr.»[43]

Die Absetzung Honeckers ist oft mit dem Sturz Ulbrichts 18 Jahre zuvor verglichen worden. Aber die beiden Machtwechsel, die die DDR erlebte, ähneln sich nur auf den ersten Blick. 1989 gab es keinen lange vorbereiteten Plan. Es gab keine wirklich treibende Kraft. Niemand im Politbüro der achtziger Jahre war so machtbewusst wie Honecker beim Sturz Ulbrichts, niemand hat so zielstrebig wie Honecker damals auf sein Ziel hingearbeitet. Willi Stoph war zu alt und zu kraftlos. Egon Krenz empfand sich bis zuletzt als politischer Zögling Honeckers und glaubte sich zur Loyalität verpflichtet. Honecker selbst war im Herbst 1989 nicht nur sichtlich geschwächt durch seine Krankheit, er war auch geistig nicht mehr in der Lage, auf die Situation in der DDR zu reagieren. Die Ereignisse schien er nur noch durch einen dichten Schleier wahrzunehmen. Es war nicht eigenes Machtbewusstsein oder gar eigener Gestaltungswille, der Krenz schließlich dazu brachte, zusammen mit Stoph, Schabowski, Schürer und anderen die Ablösung Honeckers zu betreiben, es war, so Krenz, die simple Einsicht, «er muss weg, er ist eine Gefahr geworden für das Land»[44].

[43] Zit. n.: Reinhold Andert / Wolfgang Herzberg: Der Sturz, Berlin und Weimar 1990, S. 33.
[44] Zeitzeugenaussage von Egon Krenz, in: Fernsehdokumentation «Die Sekretäre» von Christian Klemke und Jan N. Lorenzen, Mitteldeutscher Rundfunk, 7. Oktober 1999.

**An der Ber-
liner Mauer,
10. November
1989**

Flucht und Prozess

Nach seinem Sturz zog sich Honecker nach Wandlitz
zurück. Die dramatischen Ereignisse der folgenden
Wochen erlebte er nur noch vor dem Fernseher. In der
Nacht vom 9. auf den 10. November fiel die Berliner
Mauer. Und nun ging alles ganz schnell. Am 3. Dezember wurde Erich Honecker aus der Partei ausgeschlossen, der er mehr als 60 Jahre lang angehört
hatte. Zur gleichen Zeit wurde ein Ermittlungsverfah-
ren gegen ihn eingeleitet, sein Haus wurde von Posten
umstellt, sein Telefon abgestellt, er selbst unter Haus-

arrest gestellt. Der Vorwurf lautete zunächst Amts-
missbrauch, im Januar sollte noch Hochverrat dazu-
kommen. Als sein Haus am 7. Dezember von der
Staatsanwaltschaft durchsucht wurde, sagte seine
Frau: «Siehst du, Erich, genau wie 1935.»[1]

Auch auf Honecker selbst wirkten die letzten fünf
Jahre seines Lebens wie ein Déjà-vu. Ihm war, als hätte
er das alles in den dreißiger Jahren schon einmal
erlebt. Wie damals fühlte er sich als aufrechter Kommunist, der unter dem äußeren Druck nur umso fester
zu seinen Überzeugungen stehen müsste. Wieder
wurde er verfolgt und inhaftiert. Diesmal waren es
nicht Gestapo und Volksgerichtshof, sondern aufge-
regte Journalisten und die offensichtlich überhastet
und unsicher agierende Staatsanwaltschaft der DDR,
aber den Unterschied bemerkte er nicht.

Doch er war 55 Jahre älter und schwer krank; er
hatte sein Leben nicht mehr vor, sondern hinter sich.
Wer genau hinsah, konnte beobachten, wie viel Mühe
es ihn kostete, keine Schwäche zu zeigen – jetzt, vor
aller Augen, und das hieß für ihn vor allem: vor den
Augen des Klassenfeinds. Seine Konzentrationsfähig-
keit hatte merklich nachgelassen, und seine Ärzte erklärten ihn für nicht vernehmungsfähig. Der im Sommer geäußerte Verdacht auf Nierenkrebs bestätigte
sich. Am 10. Januar unterzog sich Honecker der lange
überfälligen Operation. 18 Tage später, an einem
Montag, sollte er aus dem Krankenhaus entlassen
werden. Da die Staatsanwaltschaft der DDR fürchtete,
er würde «nach Entlassung aus dem Krankenhaus
den Zeitraum bis zum Erlass eines Haftbefehls nutzen», um «sich der Untersuchungshaft zu entziehen»,
verfügte sie vorsorglich seine Verhaftung für den Tag

[1] Zit. n. Peter
Przybylski, Tatort
Politbüro, Rein-
bek 1992, S. 28.

Erich und Margot Honecker in Beelitz

vor seiner geplanten Entlassung.[2] Am Sonntag gegen 22 Uhr erschienen daraufhin zwei Herren von der Staatsanwaltschaft in Honeckers Krankenzimmer. «Sie nahmen in meinem Zimmer Platz», erinnerte sich Honecker. «Ich habe mit ihnen diskutiert und sie verschiedene Male aufgefordert, den Raum zu verlassen. Das haben sie nicht getan. Daraufhin habe ich ihnen gesagt: ‹Das ist ja schlimmer als bei der Gestapo.›» Erst nachdem Honecker mehrere Schlaftabletten geschluckt hatte, gelang es ihm, einige Stunden zu schlafen.[3] Am nächsten Morgen wurde er in die Haftanstalt Rummelsburg gebracht. Zwei Tage später war er aufgrund der ärztlichen Gutachten wieder auf freiem Fuß – doch zur Ruhe kam er nicht mehr.

In sein Haus in Wandlitz konnte Honecker nicht zurückkehren – der Mietvertrag war in der Zwischenzeit gekündigt worden. Ein Pfarrer in Lobetal nahm ihn und seine Frau auf, in der Überzeugung, dass Honecker nur in kirchlichen Räumen vor Übergriffen sicher sei. Lange blieb er dort nicht. Im März 1990 begab er sich unter den Schutz der sowjetischen Armee. Im Militärlazarett Beelitz wurden die Honeckers in einem gesonderten Haus untergebracht. Für den Haushalt stellte die sowjetische Armee sogar ein Hausmädchen zur Verfügung. Trotz seines schlechten Gesundheitszustandes hat Honecker in Beelitz intensiv gearbeitet. Er begann morgens um 7 Uhr und hörte

[2] Festnahmeanordnung von Generalstaatsanwalt Reuter, zit. n. Peter Przybylski: Tatort Politbüro, Reinbek 1992, S. 31.
[3] Reinhold Andert/Wolfgang Herzberg: Der Sturz, Berlin und Weimar 1990, S. 42 f.

erst spät am Abend auf, an einer Rechtfertigungsschrift zu schreiben, die später unter dem Titel «Erich Honecker zu dramatischen Ereignissen» veröffentlicht wurde.[4] Der damalige Oberkommandierende der sowjetischen Streitkräfte in der DDR, General Matwej Burlakow, erinnerte sich: «In Gesprächen mit den leitenden Offizieren aus dem Lazarett gab Honecker immer wieder seiner Überzeugung Ausdruck, dass ein dritter Weltkrieg durch den Sozialismus verhindert worden sei. Er war ein überzeugter Marxist und den Ideen des Kommunismus vollständig ergeben. Man erzählte mir, dass in seinem Zimmer auf einem Spind eine Spieldose stand, die immer wieder die ‹Internationale› ertönen ließ. Allabendlich vor dem Schlafengehen zog Erich Honecker die Spieldose auf und hörte sich dann stehend die Hymne des Weltproletariats an.»[5]

In Beelitz erlebte Honecker den Untergang der DDR und die deutsche Vereinigung. Von nun an war es nicht mehr die DDR-Staatsanwaltschaft, sondern die bundesdeutsche Justiz, die gegen ihn ermittelte, und es war auch klar, dass die sowjetische Armee, deren vollständiger Abzug aus Deutschland beschlossene Sache war, ihm nicht dauerhaft Schutz bieten konnte. An einem Tag im März 1991 traf daher in Wünsdorf, dem Sitz des Oberkommandierenden der sowjetischen Streitkräfte in der DDR, ein Befehl aus dem Moskauer Verteidigungsministerium ein: Erich Honecker sei per Flugzeug nach Moskau zu bringen. Der amtierende Oberbefehlshaber, General Burlakow, übertrug diese Aufgabe seinem Stabschef General Kusnezow. Honecker wurde zusammen mit seiner Frau Margot im Hubschrauber vom Beelitzer Militär-

[4] Vgl. Matwej Burlakow: Wir verabschieden uns als Freunde, Fribourg 1994, S. 143.

[5] Matwej Burlakow: Wir verabschieden uns als Freunde, Fribourg 1994, S. 143f.

lazarett zum Militärflughafen Sperenberg südlich vor Wünsdorf gebracht. In einem Häuschen am Rande des Rollfeldes servierte General Kusnezow noch eine Tasse Tee. Der Abflug verzögerte sich etwas. Dann verließen Erich und Margot das wieder vereinigte Deutschland in Richtung Moskau. Michail Gorbatschow hatte sie nicht im Stich gelassen.[6]

Die Bundesregierung protestierte gegen die sowjetische «Strafvereitelung durch Fluchthilfe» und verlangte die sofortige Rückführung Honeckers. Doch der Protest war halbherzig. Der Zwei-Plus-Vier-Vertrag, in dem die außenpolitischen Bedingungen der deutschen Vereinigung geregelt waren und Deutschland von den Siegermächten des Zweiten Weltkrieges nun erstmals volle Souveränität zugestanden wurde war zwar von der Sowjetunion ratifiziert, aber noch nicht in Bonn hinterlegt worden. Dies geschah genau zwei Tage nach Honeckers Flucht – und Gorbatschow leugnete den Zusammenhang nicht. Ob Bundeskanzler Kohl über die Absicht Gorbatschows, Honecker nach Moskau zu holen, vorab sogar informiert wurde darüber ist in der Presse viel spekuliert worden. Erich Honecker selbst war damals jedenfalls der festen Überzeugung, dass sein Flug nach Moskau mit der Billigung der Bundesregierung erfolgt sei. Zu einem Prozess, so schien es jetzt jedenfalls, würde es nicht mehr kommen.[7]

Das Ehepaar Honecker wurde in einer Waldsiedlung bei Moskau in einem Einfamilienhaus untergebracht, das früher anscheinend von einem Politbüromitglied der KPdSU als Datscha genutzt worden war Eine dauerhafte Bleibe sollte auch dies nicht werden. Im August putschten Generäle der Roten Armee ge-

[6] Vgl. Matwej Burlakow: Wir verabschieden uns als Freunde, Fribourg 1994, S. 144; Friedrich Wolff: Verlorene Prozesse 1953–1998, Baden-Baden 1999, S. 268 f.
[7] Vgl. Ilse Spittmann: Honecker: Flucht aus der Verantwortung, in: Deutschland-Archiv 24 / 1991, S. 340–342.

gen Michail Gorbatschow. Der Putsch scheiterte, aber Gorbatschow ging geschwächt aus dem Machtkampf hervor. Der neue starke Mann war der russische Präsident Boris Jelzin. Während des Putsches hatte er Gorbatschow ein letztes Mal unterstützt, wahrscheinlich war es nur seinem entschlossenen Eingreifen zu verdanken, dass die Putschisten bereits nach wenigen Tagen aufgaben. Doch jetzt begann Jelzin seinerseits, Gorbatschow die Macht aus den Händen zu nehmen – vor aller Augen und völlig legal. Honecker ahnte, dass dies für seine eigene Situation keineswegs günstig war. Am 28. August schrieb er einen Brief an Gorbatschow und bat ihn nun auch offiziell um politisches Asyl. Bei dem beabsichtigten Prozess in der Bundesrepublik gehe es nicht um Recht, so schrieb Honecker, sondern es sei beabsichtigt, «einen politischen Schauprozess gegen die sozialistische Diktatur» zu führen: «Ich habe mich nicht vor dem faschistischen Volksgerichtshof gebeugt, und ich beuge mich auch heute nicht, aber ich spreche der Justiz der Bundesrepublik das Recht ab, zu Gericht zu sitzen über das ehemalige Staatsoberhaupt eines von ihr anerkannten souveränen Staates.»[8] Zwei Wochen später verlangte die Bundesrepublik Deutschland tatsächlich die Auslieferung Honeckers. Noch einmal wandte sich Honecker an Gorbatschow – doch es war zwecklos. Gorbatschow hatte in dieser Angelegenheit nichts mehr zu entscheiden, und die sowjetischen Diplomaten drückten sich in offiziellen Stellungnahmen so unpräzise aus, dass Honecker mit dem Schlimmsten rechnen musste. In seinem letzten größeren Interview, das er in diesen Tagen für den Hessischen Rundfunk gab, wirkte er zwar gesundheitlich angeschlagen, gab sich aber opti-

[8] Zit. n. Friedrich Wolff: Verlorene Prozesse 1953–1998, Baden-Baden 1999, S. 273 f.

[9] Fernsehinterview «Erich Honecker – Das Interview» von Harald Lüders und Peter Boultwood, Hessischer Rundfunk, 10. Oktober 1991.

[10] Protokoll über die Erklärung des Beschlusses über die Auslieferung vom Territorium der RSFSR, zit. n. Friedrich Wolff: Verlorene Prozesse 1953–1998, Baden-Baden 1999, S. 280.

[11] Brief von Margot Honecker an Honeckers Anwälte, zit. n. Friedrich Wolff: Verlorene Prozesse 1953–1998, Baden-Baden 1999, S. 289–292.

mistisch, dass er nicht an die Bundesrepublik ausgeliefert werden würde.[9] Doch am 10. Dezember war es so weit. Erich Honecker wurde vom russischen Justizminister aufgefordert, das Land binnen drei Tagen zu verlassen. Im Falle einer Nichtbefolgung werde er gewaltsam an die Bundesrepublik ausgeliefert.[10] Honecker blieb nur eins. Zusammen mit seiner Frau floh er als persönlicher Gast des chilenischen Botschafters Clodomiro Almeyda in die Botschaft Chiles. Almeyda hatte in den siebziger Jahren in der DDR Asyl gefunden, als er auf der Flucht vor dem Militärregime Pinochets war. Sieben Monate sollte Honecker hier bleiben – sieben lange Monate, in denen das Tauziehen um seine Person und die Ungewissheit weitergingen; sieben Monate, in denen sich Honeckers Gesundheitszustand weiter verschlechterte. Er bewohnte mit seiner Frau ein kleines Zimmer, das er so gut wie nie verlassen konnte. Derweil arbeitete die Staatsanwaltschaft beim Kammergericht Berlin in aller Eile die Anklageschrift aus. Im Mai 1992 war sie fertig, 783 Seiten lang. Als sie in Moskau vorgelegt wurde, gaben die Chilenen den Widerstand gegen die Auslieferung Honeckers auf. Am 29. Juli wurde Honecker das «Gastrecht» in der chilenischen Botschaft entzogen. Er hatte nur 10 Minuten, um seine Sachen zu packen. Die russischen Beamten warteten bereits darauf, ihn zu übernehmen und nach Deutschland zu bringen.[11] In dieser Stunde trennten sich die Wege von Erich Honecker und seiner Frau. Nach einer kurzen Besprechung hatten beide entschieden, dass es besser sei, wenn Margot nicht mit ihrem Mann nach Deutschland zurückkehre. Auch die Anwälte hatten von einer Rückkehr Margot Honeckers abgeraten, da gegen sie ebenfalls Ermittlungen liefen. Und so flog Erich Honecker allein nach Deutschland zurück, während Margot zu ihrer Tochter nach Chile reiste.

Es ist schwer, sich in die Stimmung, in der Honecker in Berlin empfangen wurde, hineinzuversetzen. Anderthalb Jahre zuvor, bei seiner Ausreise nach Moskau, hatte ein Gefühl der Erleichterung den Tenor der Zeitungskommentare bestimmt. Man hatte Honecker lange ertragen müssen und war jetzt einfach froh, dass er weg war. «Ihr könnt ihn behalten» titelte damals das Berliner Boulevardblatt «BZ» – und es war nicht zu entscheiden, ob damit Großmut oder Häme ausgedrückt werden sollte. Möglicherweise kam in dieser Haltung auch die noch nachwirkende Euphorie über den Einigungsprozess zum Ausdruck. Aber in der Zwischenzeit, in den anderthalb Jahren, in denen Honecker in Moskau war, hatte sich die Stimmung verändert. Die ersten Mauerschützenprozesse hatten stattgefunden. Sie waren juristisch höchst problematisch verlaufen, und hinterließen den Eindruck, dass die Kleinen verurteilt und die Großen laufen gelassen würden. Tatsächlich waren die Prozesse gegen die Grenzsoldaten für die Staatsanwaltschaft eine Art Vorbereitung auf das Verfahren gegen Honecker und andere Mitglieder des Nationalen Verteidigungsrates. Wäre es in den Mauerschützenprozessen nicht zu Verurteilungen gekommen, dann wäre es juristisch kaum möglich gewesen, Honecker als Mittäter anzuklagen. Der Eindruck, der in der Öffentlichkeit entstand, war allerdings genau umgekehrt. Dort erschien der Prozess gegen Honecker wie eine nachträgliche Rechtfertigung der Mauerschützenprozesse. In den Zeitungen überwog der Tenor, dass eine Verurteilung von

Honecker aus moralischen und historischen Gründen wünschenswert sei, wenn sie nur juristisch einwandfrei zu begründen wäre – aber da hatten viele ihre berechtigten Zweifel.

Honecker selbst nahm die Vorbereitungen auf seinen Prozess mit der Miene eines Mannes hin, der nichts anderes erwartet hatte. Innerlich hatte er sich wohl schon seit Monaten auf das vorbereitet, was nun auf ihn zukam. Das Gefängnis, in das er gebracht wurde, war dasselbe, in dem er 1935 schon einmal für eineinhalb Jahre eingesessen hatte: Berlin-Moabit, das berühmte Untersuchungsgefängnis im Herzen der Stadt. Auch das bestätigte ihn in seiner Ansicht, dass das alles eine abgekartete Sache sei, dass der «Rechtsstaat BRD kein Staat des Rechts, sondern ein Staat der Rechten» sei.[12] Als sein Anwalt Friedrich Wolff ihn am Tage nach seiner Inhaftierung in Moabit besuchte, fand er ihn äußerlich unverändert. «Ich habe viele Menschen in Gefängnissen gesprochen und immer wieder mit Erstaunen festgestellt, wie unterschiedlich die Reaktion auf das Eingesperrtsein ist. Man sollte denken, dass die, die vorher in Wohlstand und Geborgenheit lebten, am schwersten betroffen sind. Das ist aber keineswegs immer der Fall. Erich Honecker war ein Beispiel dafür. Er beklagte nicht sein Los, war nicht verzweifelt oder auch nur wehleidig, er war, als wäre nichts geschehen. Sein Gang war aufrecht, Miene und Stimme freundlich und ruhig, eine unaufdringliche, Respekt einflößende Persönlichkeit.»[13]

Äußerlich beeindruckt war Honecker wirklich nicht, er war ja auch nicht das erste Mal eingesperrt. Alles in Moabit war ihm noch irgendwie vertraut, aber

[12] Erich Honecker: Politische Erklärung, Hamburg 1992, S. 3.
[13] Friedrich Wolff: Verlorene Prozesse 1953–1998, Baden-Baden 1999, S. 295.

erschüttert war Honecker doch, und es kostete ihn zunehmend Mühe, dies zu verbergen. Dazu kam, dass er langsam wirklich aussah wie vom Tode gezeichnet und sein Gesicht dadurch noch maskenhafter wirkte. Er glaubte jetzt fest daran, dass es zum Prozess gegen ihn kommen würde – ganz im Gegensatz übrigens zu seinen Anwälten, die immer noch meinten, das Verfahren würde sich aus gesundheitlichen Gründen erübrigen. Als der Prozess dann gut drei Monate später begann, waren sie vollkommen unvorbereitet und mussten erst einmal improvisieren und Zeit gewinnen, um sich detailliert mit der Anklageschrift auseinander zu setzen.

Die Anklageschrift konzentrierte sich auf den Schusswaffengebrauch und den Einsatz der berüchtigten Splittermine SM70 an der innerdeutschen Grenze. 68 Fälle von versuchten Grenzdurchbrüchen, die tödlich oder mit schweren Verletzungen endeten, waren einzeln aufgelistet. Im Oktober wurden sie auf 12 reduziert, um die Dauer des Verfahrens nicht zu sehr in die Länge zu ziehen. Grundlage der Anklage gegen Erich Honecker war in Übereinstimmung mit dem Einigungsvertrag Paragraph 112 des Strafgesetzbuches der DDR: «Wer vorsätzlich einen Menschen tötet, wird mit Freiheitsstrafe nicht unter 10 Jahren oder mit lebenslänglicher Freiheitsstrafe bestraft.» [14] Eingeschränkt wurde diese Regelung durch das 1982 erlassene Grenzgesetz der DDR, dessen Paragraph 27 den Schusswaffengebrauch in bestimmten Fällen gestattete. Schon in den Mauerschützenprozessen war das ein Problem für die Anklage gewesen, doch das Gericht hatte damals entschieden, dass das Grenzgesetz nicht anzuwenden sei, weil die dort vorgenom-

[14] Strafgesetzbuch der DDR, hg. v. Ministerium der Justiz, Berlin (Ost) 1984, S. 37.

mene Regelung im Widerspruch zu elementaren Grundsätzen des Menschenrechts stehe – eine Entscheidung, die am 3. November, wenige Tage vor der Eröffnung des Honecker-Prozesses, vom Bundesgerichtshof bestätigt wurde.

Befriedigend gelöst war das Problem damit aus Sicht vieler Juristen aber nicht – und auch die Verteidiger Honeckers sahen in der Berufung auf «überpositives Recht» ein Einfallstor für moralische und politische Überlegungen und sprachen folgerichtig von einem «politischen Prozess» und von «Siegerjustiz». Anzumerken ist dabei allerdings auch, dass das Grenzgesetz der DDR weder einen Rechtfertigungsgrund für den Schusswaffengebrauch vor Erlass des Gesetzes im Jahre 1982 bot noch für Tötungen durch Minen und Selbstschussanlagen. Bei den meisten der in der Anklageschrift aufgeführten Fluchtversuche, die mit schweren Verletzungen oder dem Tod des Flüchtenden endeten, handelte es sich um solche Fälle – ein Umstand, der in der damals hitzigen öffentlichen Diskussion oft übersehen wurde.[15]

Aber es gab noch ein weiteres juristisches Problem – es betraf die Immunität des Angeklagten. Erich Honecker war der Staatsratsvorsitzende der DDR, also Oberhaupt eines anderen Staates gewesen, und als solcher genoss er eigentlich Immunität. Doch den Staat, den er einmal repräsentiert hatte, gab es nicht mehr, und die völkerrechtliche Lage zwischen den beiden deutschen Staaten war so kompliziert, dass strittig war, ob diese Immunität überhaupt jemals bestanden hatte. Die DDR war aus der Sicht der Bundesrepublik ja kein «Ausland» gewesen; vor dem Besuch Honeckers in Bonn 1987 hatte man die entsprechende

[15] Uwe Wesel: Der Honecker-Prozeß, Frankfurt am Main 1994, S. 30.

Vorschrift im bundesdeutschen Gerichtverfassungs-
gesetz daher vorsorglich ergänzt, um zu verhindern,
dass Honecker während seines Besuches verhaftet
werden könnte – allerdings in einer Weise, die ihm
nun, nach seiner Absetzung und dem Ende der DDR,
nicht mehr half.[16] Die Staatsanwaltschaft setzte sich
mit dem Problem erst gar nicht auseinander. Sie ging
davon aus, dass Honecker keine Immunität mehr
besaß – und das Gericht folgte dieser Auffassung.

Das größte Problem für die Durchführung des Prozesses aber war kein juristisches Hindernis, sondern
das Alter der Angeklagten. Mit Honecker standen
noch fünf weitere ehemalige Funktionäre vor Gericht,
die allesamt Mitglieder des Nationalen Verteidigungsrates gewesen waren – jenes Gremiums also,
welches nach Auffassung der Staatsanwaltschaft für
das Grenzregime verantwortlich war. Es waren Erich
Mielke, Willi Stoph, Heinz Keßler, Fritz Streletz und
Hans Albrecht – eine Versammlung alter Männer.
Erich Mielke stand, als der Prozess eröffnet wurde,
kurz vor der Vollendung seines 85. Lebensjahres, und
auch die anderen Angeklagten waren mit Ausnahme
von Fritz Streletz bereits weit über 70.

Der Prozess selbst, der am 12. November 1992 vor
dem Kriminalgericht Moabit begann, teilt sich bis zum
Ausscheiden Honeckers in zwei Phasen. In der ersten
Phase geschah nicht sehr viel. Honecker erlitt in den
ersten Verhandlungstagen gleich zweimal einen
Schwächeanfall – und so kam der Prozess nur schlep-
pend in Gang. Auch das bei einem großen Verfahren
übliche Vorspiel nahm viel Zeit in Anspruch. Die Personalien der Angeklagten wurden festgestellt, die
Staatsanwaltschaft trug eine Kurzfassung der Ankla-

[16] Uwe Wesel:
Der Honecker-
Prozeß, Frank-
furt am Main
1994, S. 29.

**Als Angeklag-
ter in Berlin-
Moabit**

geschrift vor. Gegen den Vorsitzenden Richter Hans-georg Bräutigam gab es den ersten Befangenheitsan-trag, weil die Verteidigung vermutete, er habe Einfluss auf die Geschäftsverteilung des Gerichtes genommen und sich so selbst als Richter für den Honecker-Pro-zess eingeteilt. Bis auf wenige Ausnahmen fand das alles in einer Atmosphäre statt, die der Bedeutung des Verfahrens gerecht zu werden schien. In der zweiten Phase dagegen verkam der Prozess zu einem grotes-ken Schauspiel, in dem es eigentlich nur noch um den Gesundheitszustand Honeckers ging. Mehrere Gut-achten wurden eingeholt, die sich zum Teil widerspra-chen und deren Kernaussagen sich durch Indiskretio-nen in kürzester Zeit in der Presse wieder fanden. Da der Gesundheitszustand Honeckers auch in den öffentlichen Sitzungen des Prozesses erörtert wur-de, entstand bei unabhängigen Beobachtern zudem der Eindruck, die Öffentlichkeit solle langsam auf etwas vorbereitet werden, was ohnehin nicht mehr zu verhindern war und nur noch mühsam hinausge-zögert werden konnte: Honeckers Entlassung aus der Haft.

Einen Schnitt zwischen diesen beiden Phasen stellte Honeckers Verteidigungsrede am 3. Dezember 1992 dar. Seit seiner Einlieferung ins Moabiter Ge-fängnis hatte er an ihr gearbeitet. Jetzt, am sechsten Verhandlungstag, war es so weit. Die Augen fest auf seine Gegner von der Staatsanwaltschaft gerichtet, trug Honecker seine mit Spannung erwartete Erklä-rung vor. Gleich zu Beginn sprach er dem Gericht das Recht ab, ihn anzuklagen oder ihn zu verurteilen. Er stellte sich in eine Reihe mit «Karl Marx, August Be-bel, Karl Liebknecht» und vielen anderen Sozialisten und Kommunisten, die der «deutsche Rechtsstaat» schon angeklagt und verurteilt habe. Eine Verteidigung erübrige sich für ihn, weil er das Urteil nicht mehr erleben werde, sagte Honecker, aber Zeugnis ablegen für die DDR und die Ideen des Sozialismus, das wolle er doch. Es folgte eine Tour d'horizon durch die Geschichte Deutschlands und der Welt. Honecker wollte zeigen, dass auch anderswo politische Entscheidungen den Tod Unschuldiger nach sich zögen und ihn daher weder moralisch noch politisch und schon gar nicht juristisch eine Schuld treffe. Er ging bis in das Jahr 1933 zurück, um den Bau der Berliner Mauer zu rechtfertigen; er führte die unschuldigen Toten des Vietnamkrieges und des Falklandkrieges an; er verwies auf die Bombardierung der libyschen Hauptstadt Tripolis durch die USA im Jahre 1986 und auf die von US-Präsident George Bush angeordnete Entführung General Noriegas aus Panama 1989. Schließlich sprach er über das, was die «Waffen der Bundesrepublik Deutschland» bei den türkischen Kurden und der schwarzen Bevölkerung Südafrikas angerichtet hätten, um dann zu den Obdachlosen und den «Toten der Marktwirtschaft» zu kommen: «Wenn die Abteilung Regierungskriminalität des Generalstaatsanwalts beim Kammergericht ihre Aufmerksamkeit einmal hierauf richten würde, hätte ich bald die Möglichkeit, den Repräsentanten der Bundesrepublik Deutschland wieder wie früher die Hand zu schütteln – diesmal allerdings in Moabit.»

Nach diesem als Gegenanklage konzipierten Teil seiner Rede zog Honecker eine Bilanz der DDR. Auch diese Passage verdient es, zitiert zu werden, denn er sprach darin aus, was viele Ostdeutsche 1992/93 auf dem Höhepunkt der deutschen Vereinigungskrise dachten: «Immer mehr ‹Ossis› werden erkennen, dass die Lebensbedingungen in der DDR sie weniger deformiert haben, als die ‹Wessis› durch die soziale Marktwirtschaft deformiert worden sind, dass die Kinder in der DDR in Krippen, in Kindergärten und Schulen sorgloser, glücklicher, gebildeter und freier aufwuchsen als die Kinder in den von Gewalt beherrschten Schulen, Straßen und Plätzen der BRD. Kranke werden erkennen, dass sie in dem Gesundheitswesen der DDR trotz technischer Rückstände Patienten und nicht kommerzielle Objekte für das Marketing von Ärzten waren. Künstler werden begreifen, dass die angebliche oder wirkliche DDR-Zensur nicht so kunstfeindlich war wie die Zensur des Marktes. Schließlich werden die Geborgenheit und die Sicherheit, die die kleine und im Verhältnis zur BRD arme DDR ihren Bürgern gewährte, nicht mehr als Selbstverständlichkeit missachtet werden, weil der Alltag des Kapitalismus jetzt jedem deutlich macht, was sie in Wahrheit wert sind.»

Bis zuletzt hatte Honecker nicht begriffen, warum die Bürger ihm und seiner DDR den Rücken kehrten. Aber bei alledem hatte er doch verstanden, dass die DDR bei der «Abstimmung mit den Füßen» unterlegen war – und das schon 1961. Und so war die Art und Weise, wie Honecker den Mauerbau, an dem er über 30 Jahre zuvor beteiligt gewesen war, charakterisierte, das eigentlich Bemerkenswerte an seiner Rede: als «Zeichen einer politischen und wirtschaftlichen Schwäche des Warschauer Vertrages gegenüber der NATO, die nur mit militärischen Mitteln ausgeglichen werden konnte». Und doch sei die DDR nicht umsonst gegründet worden, so Honeckers Fazit. Sie habe ein «Zeichen gesetzt und gezeigt, dass Sozialismus besser sein könne als Kapitalismus». – «Ich bin am Ende meiner Erklärung. Tun Sie, was Sie nicht lassen können.»[17]

Während Honecker sprach, herrschte im Saal gespannte Aufmerksamkeit. Als er geendet hatte, gab es einen kurzen Moment der Stille. Nach kurzer Besinnungspause erklärte Richter Bräutigam: «Das müssen wir erst verarbeiten», und vertagte die Verhandlung auf den 7. Dezember.

Nicht nur Bräutigam – alle waren überrascht, dass Honecker noch in der Lage war, eine solche Rede zu halten. Dass er uneinsichtig sein würde, damit hatten alle gerechnet, doch dass er es dann auf eine rhetorisch so brillante Art und Weise war, das hatten ihm viele schon intellektuell nicht zugetraut – jetzt, angesichts seiner Krankheit, war die Verwunderung umso größer.

Ein letztes Aufbäumen war diese Rede für Honecker. Noch ein letztes Mal zwang er dem geschwächten Körper seinen Willen auf, um der Nachwelt das Zeugnis eines unbeugsamen Kommunisten zu hinterlassen. 50 Minuten sprach er insgesamt – unterbrochen durch eine Pause von 40 Minuten –, dann hatte er seine letzte «politische Erklärung» abgegeben. Honeckers Anwälte teilten unmittelbar nach der Rede mit, ihr Mandant werde sich zur Sache selbst nicht weiter äußern. Bis zu dieser Rede hatte er am Geschehen im Gerichtssaal noch teilgenommen; ab jetzt war es, als ließe er den weiteren Fortgang des Prozesses willenlos über sich ergehen. Auch auf aufmunternde Zurufe von den Zuschauer-

[17] Die Rede Erich Honeckers wurde veröffentlicht als: Erich Honecker: Politische Erklärung, Hamburg 1992.

bänken reagierte er nicht, er hatte einfach keine Kraft mehr.

Währenddessen wurde ein neues Gutachten über Honeckers gesundheitliche Situation eingeholt. «Bei Herrn Honecker besteht ein Zustand, wo sich Leben und Sterben überlappen, wobei der Vorgang des Sterbens nunmehr mehr Gewicht bekommt», hieß es darin. Honeckers Lebenserwartung wurde mit drei bis sechs Monaten angegeben.[18] Seine Anwälte richteten sich daraufhin schon auf die baldige Entlassung ihres Mandanten ein, und begannen, konkrete Vorbereitungen für Honeckers Reise nach Chile zu treffen, aber die Vertreter der Anklage gaben so schnell nicht auf. Rechtsanwalt Plöger, der die Opfer und ihre Hinterbliebenen vertrat, zweifelte das Gutachten an und verlangte, Honecker notfalls auch gegen dessen Willen eine Gewebeprobe aus der Niere zu entnehmen, um herauszufinden, «ob tatsächlich ein Krebsbefall vorliegt»[19]. Die Staatsanwaltschaft hatte sich derweil einen anderen Schachzug ausgedacht. Um der Entlassung Honeckers zuvorzukommen, erhob sie kurzerhand ein weiteres Mal Anklage, diesmal wegen Veruntreuung staatlicher Gelder. Doch auch dies konnte die Entlassung Honeckers nur noch unwesentlich hinauszögern.

Als Erster verabschiedete sich der vorsitzende Richter Hansgeorg Bräutigam. Am 21. Dezember hatte er in einer Verhandlungspause den Anwälten Honeckers vertraulich die Bitte eines Ersatzschöffen um ein Autogramm des Hauptangeklagten übermittelt. Rechtsanwalt Plöger, der das Getuschel misstrauisch beobachtet hatte, fragte in der Hauptverhandlung nach und erhielt von Bräutigam die Antwort, es habe sich um

[18] Gutachten von Professor Schneider vom 15. Dezember 1992, zit. n. Friedrich Wolff: Verlorene Prozesse 1953–1998, Baden-Baden 1999, S. 335.
[19] Antrag von Rechtsanwalt Plöger vom 20. Dezember 1992, zit. n. Friedrich Wolff: Verlorene Prozesse 1953–1998, Baden-Baden 1999, S. 336.

eine Postsache gehandelt. Diese etwas unpräzise Antwort kostete Bräutigam den Vorsitz. Sowohl Plöger als auch Honeckers Anwälte stellten einen Befangenheitsantrag, dem am 5. Januar stattgegeben wurde.

Zwei Tage später, am 7. Januar, beschloss der neue vorsitzende Richter Hans Boß, das Verfahren gegen Honecker von dem gegen die übrigen Angeklagten abzutrennen, um deren Anspruch auf einen zügigen Prozess gerecht zu werden. Wieder wurden ärztliche Gutachten eingeholt, wieder wurde ein Fortschreiten der Krankheit diagnostiziert, doch nichts geschah. Da griffen Honeckers Anwälte zum letzten Mittel: In einer an das Berliner Verfassungsgericht gerichteten Beschwerde verlangten sie die Einstellung des Verfahrens, weil sicher sei, dass Honecker vor dem Abschluss der Hauptverhandlung «und damit vor einer Entscheidung über Schuld oder Unschuld» sterben werde. Das Verfahren verletze die Menschenwürde des Angeklagten.[20]

In seiner Entscheidung über diesen Antrag wenige Tage später kritisierte das Berliner Verfassungsgericht das bisherige Vorgehen im Prozess gegen Honecker ausdrücklich und wies das Kammergericht an, das Verfahren unverzüglich einzustellen und Honecker aus der Haft zu entlassen. Honeckers Anwalt Friedrich Wolff war gerade in Moabit, als das Verfassungsgericht seine Entscheidung bekannt gab. Wolff wurde zum Telefon gerufen und erfuhr die Nachricht von seinem Kollegen Nicolas Becker. Wenige Minuten später erfuhr Honecker selbst von seiner bevorstehenden Entlassung, und die ganze Anspannung der letzten Monate fiel von ihm ab. «Honecker reagierte in einer

[20] Friedrich Wolff: Verlorene Prozesse 1953–1998, Baden-Baden 1999, S. 341.

228

Weise, die mich befürchten ließ, er werde die frohe Botschaft nicht überleben», schrieb Wolff.[21]

Ankunft in Chile

Die nächsten Stunden vergingen quälend langsam. Eine Nacht noch musste Honecker im Haftkrankenhaus bleiben, bis der Haftbefehl am nächsten Tag aufgehoben wurde. Es war der 13. Januar 1993. Noch am Abend desselben Tages flog Erich Honecker mit einem Begleiter zu seiner Frau nach Santiago de Chile.

Ein gutes Jahr lebte Honecker im Exil – ein Jahr,

[21] Friedrich Wolff: Verlorene Prozesse 1953–1998, Baden-Baden 1999, S. 345.

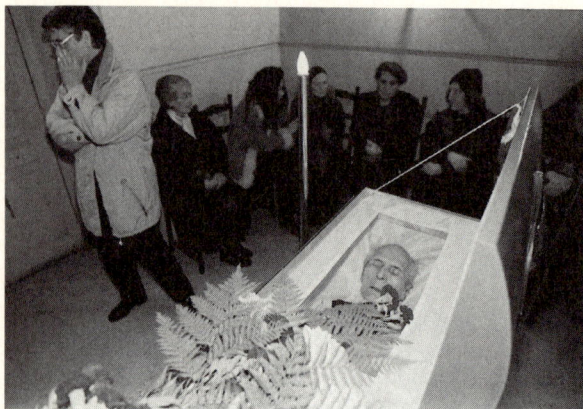

über das nicht viel zu berichten ist. Auch auf den letzten Fernsehaufnahmen, heimlich mit einer versteckten Kamera aufgenommen, ist nicht viel zu sehen. Sie zeigen Honecker beim Blättern in einer Illustrierten und beim Sprengen seines Gartens. Sein körperlicher Verfall hatte sich zunächst verlangsamt, doch schließlich begann sein Körper die Nahrungsaufnahme zu verweigern. Im Frühjahr 1994 wog er nur noch 40 Kilo. Am 29. Mai 1994 starb Erich Honecker. Am Tag darauf wurde seine Leiche auf dem Generalfriedhof in Santiago aufgebahrt.[22] Honeckers Leichnam wurde wenig später eingeäschert, die Urne abgeholt und ins Wohnhaus von seiner Frau Margot gebracht. Beerdigt ist Erich Honecker bis heute nicht.

[22] Vgl. Henrik Eberle: Anmerkungen zu Honecker, Berlin 2000, S. 139 f.

Anhang

Literatur

Andert, Reinhold / Herzberg, Wolfgang: Der Sturz – Erich Honecker im Kreuzverhör, Berlin und Weimar 1990.

Badstübner, Rolf / Loth, Wilfried: Wilhelm Pieck – Aufzeichnungen zur Deutschlandpolitik 1945–1953, Berlin 1994.

Bassistow, Jurij Wassiljewitsch: Dreimal Berlin, in: Berlin in Geschichte und Gegenwart. Jahrbuch des Landesarchivs Berlin, Berlin 1997.

Bentzien, Hans: Meine Sekretäre und ich, Berlin 1995.

Berbig, Roland u. a. (Hg.): In Sachen Biermann. Protokolle, Berichte und Briefe zu den Folgen einer Ausbürgerung, Berlin 1994.

Bölling, Klaus: Die fernen Nachbarn, Hamburg 1983.

Burlakow, Matwej: Wir verabschieden uns als Freunde, Fribourg 1994.

Dietrich, Torsten u. a. (Hg.): Im Dienste der Partei. Handbuch der bewaffneten Organe der DDR, Berlin 1998.

Eberle, Henrik: Anmerkungen zu Honecker, Berlin 2000.

Eberlein, Werner: Geboren am 9. November, Berlin 2000.

Falin, Valentin: Konflikte im Kreml, München 1997.

Falin, Valentin: Politische Erinnerungen, München 1993.

Flocken, Jan von / Scholz, Michael F.: Ernst Wollweber, Berlin 1994.

Foitzik, Jan: Hart und konsequent ist der neue politische Kurs zu realisieren, in: Deutschland-Archiv 33 / 2000, S. 32–49.

Frank, Mario: Walter Ulbricht, Berlin 2001.

Fricke, Karl Wilhelm: Opposition und Widerstand in der DDR, Köln 1984.

Gerlach, Manfred: Mitverantwortlich – Ein Liberaler im SED-Staat, Berlin 1991.

Gorbatschow, Michail: Erinnerungen, Berlin 1995.

Halliday, Fred: The Making of the Second Cold War, London u. a. 1983.

Herms, Michael: Heinz Lippmann, Berlin 1996.

Herrmann, Frank-Joachim: Der Sekretär des Generalsekretärs, Berlin 1996.

Herrnstadt, Rudolf: Das Herrnstadt-Dokument, Reinbek 1990.

Hertle, Hans-Hermann: Chronik des Mauerfalls, Berlin 1996.

Honecker, Erich: Aus meinem Leben, Berlin (Ost) 1980.

Honecker, Erich: Politische Erklärung, Hamburg 1992.

Jäger, Manfred: Kultur und Politik in der DDR, Köln 1994.

Kaiser, Monika: Machtwechsel von Ulbricht zu Honecker, Berlin 1997.

Kaplan, Fred: The Wizards of Armageddon, Stanford/Calif. 1991.

Kenntemich, Wolfgang u. a. (Hg.): Das war die DDR, Berlin 1993.

Klein, Manfred: Jugend zwischen den Diktaturen, Mainz 1968.

Korte, Karl-Rudolf: Deutschlandpolitik in Helmut Kohls Kanzlerschaft, Stuttgart 1998.

Kotschemassow, Wjatscheslaw: Meine letzte Mission, Berlin 1994.

Krenz, Egon: Wenn Mauern fallen, Wien 1990.

Krenz, Egon: Herbst '89, Berlin 1999.

Krug, Manfred: Abgehauen, Düsseldorf 1996.

Kubina, Michael/Wilke, Manfred: «Hart und kompromißlos durchgreifen», Die SED kontra Polen 1980/81, Berlin 1995.

Kusmin, Iwan: Die Verschwörung gegen Honecker, in: Deutschland-Archiv 28/1995, Heft 3, S. 286–290.

Kwizinskij, Julij A.: Vor dem Sturm, Berlin 1993.

Lemke, Michael: Die Berlinkrise, Berlin 1995.

Leonhard, Wolfgang: Die Revolution entläßt ihre Kinder, Frankfurt am Main und Berlin 1961.

Lippmann, Heinz: Honecker – Porträt eines Nachfolgers, Köln 1971.

Löwenthal, Richard/Mühlen, Patrick von zur (Hg.): Widerstand und Verweigerung in Deutschland 1933 bis 1945, Bonn 1982.

Mählert, Ulrich/Stephan, Gerd-Rüdiger: Blaue Hemden – Rote Fahnen, Opladen 1996.

Modrow, Hans (Hg.): Das große Haus, Berlin 1994.

Modrow, Hans: Ich wollte ein neues Deutschland, Berlin 1998.

Mühlen, Patrick von zur: «Schlagt Hitler an der Saar», Bonn 1977.

Nakath, Detlef/Stephan, Gerd-Rüdiger: Die Häber-Protokolle, Berlin 1999.

Otto, Wilfriede: Erich Mielke, Berlin 2000.

Pirker, Theo u. a. (Hg.): Der Plan als Befehl und Fiktion, Opladen 1995.

Ploetz, Michael: Wie die Sowjetunion den Kalten Krieg verlor, Berlin und München 2000.

Podewin, Norbert: Walter Ulbricht, Berlin 1995.

Potthoff, Heinrich: Im Schatten der Mauer, Berlin 1999.

Przybylski, Peter: Tatort Politbüro, Berlin 1991.

Przybylski, Peter: Tatort Politbüro, Band 2, Berlin 1992.

Rühle, Jürgen/Holzweißig, Gunter: 13. August 1961, Köln 1988.

Schabowski, Günter: Das Politbüro, Reinbek 1990.

Schabowski, Günter: Der Absturz, Berlin 1991.

Schalck-Golodkowski, Alexander: Deutsch-deutsche Erinnerungen, Reinbek 2000.

Schirdewan, Karl: Aufstand gegen Ulbricht, Berlin 1995.

Schmidt, Helmut: Die Deutschen und ihre Nachbarn, Berlin 1990.

Schmidt, Helmut: Menschen und Mächte, Berlin 1987.

Schmidt, Helmut: Weggefährten, Berlin 1996.

Schröder, Klaus: Der SED-Staat, München 1998.

Schürer, Gerhard: Gewagt und verloren, Berlin 1998.

Skyba, Peter: Vom Hoffnungsträger zum Sicherheitsrisiko, Köln 2000.

Spittmann, Ilse: Honecker: Flucht aus der Verantwortung, in: Deutschland-Archiv 24 / 1991, S. 340 – 342.

Staadt, Jochen: Honecker tänzelte, in: Frankfurter Allgemeine Zeitung, 7. Oktober 1999, S. 12.

Steinbach, Peter / Tuchel, Johannes (Hg.): Widerstand gegen den Nationalsozialismus, Berlin 1994.

Strauß, Franz Joseph: Die Erinnerungen, Berlin 1998.

Voltmer, Erich: «Begegnung vor 40 Jahren», in: Saarbrücker Zeitung, 5. Mai 1971.

Wesel, Uwe: Der Honecker-Prozeß, Frankfurt am Main 1994.

Winkelmann, Egon: Moskau, das war's, Berlin 1997.

Wolf, Markus: Spionagechef im geheimen Krieg, München 1997.

Wolff, Friedrich: Verlorene Prozesse 1953 – 1998, Baden-Baden 1999.

Wolle, Stefan: Die heile Welt der Diktatur, Berlin 1998.

Wyden, Peter: Die Mauer war unser Schicksal, Berlin 1995.

Bildnachweis

Seite 55
Bildarchiv Preußischer Kulturbesitz, Berlin

Seite 9, 36, 98, 122, 127, 165, 176, 203
Bundesarchiv Koblenz

Seite 88, 185
Deutsche Presse-Agentur, Frankfurt/Main

Seite 13, 30, 31, 53
Stiftung Archiv der Parteien und Massenorganisationen in der DDR im Bundesarchiv, Berlin

Seite 88
Süddeutscher Verlag Bilderdienst, München

Seite 13, 14, 20, 41, 43, 51, 58, 70, 91, 92, 94, 119, 126, 128, 133, 138, 152, 170, 205, 210, 222, 229, 230
Ullstein Bilderdienst, Berlin

Seite 143, 212
(die Fotos sind den Büchern «Ein Leben für das Volk» bzw. «Wir verabschieden uns als Freunde» entnommen, der Rechteinhaber konnte nicht ausfindig gemacht werden, kann aber seine Ansprüche nachträglich geltend machen)

Personenregister